獄中で見た麻原彰晃

はじめに

本書のタイトルは「獄中で見た麻原彰晃」。その名のとおり、元受刑者――Aさんとしよう――が見た獄中での麻原彰晃氏(以下、麻原氏という)の実態を弁護人がAさんと会って事の詳細を聴いてまとめたものである。なお、麻原氏の控訴審裁判の理解を深めるため、「松本智津夫の二女」及び「松本智津夫の三女」の目で見た麻原氏の現状、麻原氏の鑑定を行った医師の意見、麻原氏の控訴審の弁護人の目で見た麻原氏の現状及び麻原氏の控訴審の経過の概要を資料として添付した。

獄中の麻原氏の現状をこのような小冊子として世に出そうとしたのは、麻原氏の裁判の重要性に鑑み、少しでも麻原氏の現状を、そして事実を知ってもらおうとしたためである。事実が正確でなければその論評、議論も空虚なものになる。弁護人はそれだけは避けなければならないと判断した。

巷間、弁護人に対し、裁判の単なる引き延ばしであるとの批判がなされている。しかし、弁護人は、何らの根拠もなく麻原氏が訴訟無能力であるとして公判手続の停止を請求したり、鑑定を請求したりし、裁判を引き延ばしているわけでは絶対にない。

しっかりした根拠がある(それが本書に添付した医師の意見書の抜粋である)。裁判は、犯罪事実の存否や刑罰の程度等だけを判断するものではない。裁判を受けなければならないのが被告人である以上、被告人がどういう状態であるか、裁判を受けることができるのかを問題にすることも裁判の中身である。そのために裁判が長くなってもそれは法律が予定しているところである。弁護人はそう考える。

＊　現在、弁護人は、三名の医師の意見書を裁判所に提出している。そのうち一通は、麻原氏の状態を正確に把握するために早急に鑑定をする必要性を主に述べ、他の二通は、いずれも麻原氏の現在の状態は裁判を出来る状態ではないということを明確に述べている。本書は、そのうち、一通を参考資料として添付した。なお、二〇〇六年一月六日、関西学院大学教授で精神病理学の野田正彰教授が麻原氏に接見し、その結果、拘禁反応と判断し、裁判を遂行することができず、治療の必要性を述べたことを付け加えさせていただく。

目次

第3部◎控訴審弁護士が語る麻原裁判

第4部◎資料篇

カバーと第1部イラスト・左近逸
イラストは元Aさんの話を元に描いたものです。

第1部◎獄中で見た麻原彰晃

衛生夫として麻原彰晃の世話をする

麻原彰晃が拘置されているのは小菅にある東京拘置所の北三舎一階の四四号室です。三舎はK字型で三階建て。そのうちの一棟が北三舎です。

私はそこで衛生夫をしておりました。衛生夫とは公判中の被告の食事を出したり、洗濯物を干したり、私物の管理などをする受刑者のことです。東拘は拘置所ですから、基本的には被告が入る場所です。そこで刑が確定して服役期間に入るわけですが、その際にどこの刑務所に行かされるのか、分類がなされるのです。例えば再犯の場合はこの刑務所、初犯の場合はこの刑務所、というふうにね。その際、初犯で暴力団関係に所属しておらず、例えば五年未満のような短い刑期のものに簡単な知能テストを施し、その中の成績優秀者を選んで衛生夫として東拘で服役させます。東拘は拘置所ですから、いわゆる懲役のような生産作業はしておらず、その代わりに収容者である未決囚の面倒を見るわけです。

通称アカオチ、つまり判決が下り、服役することになると初め「行動訓練」として

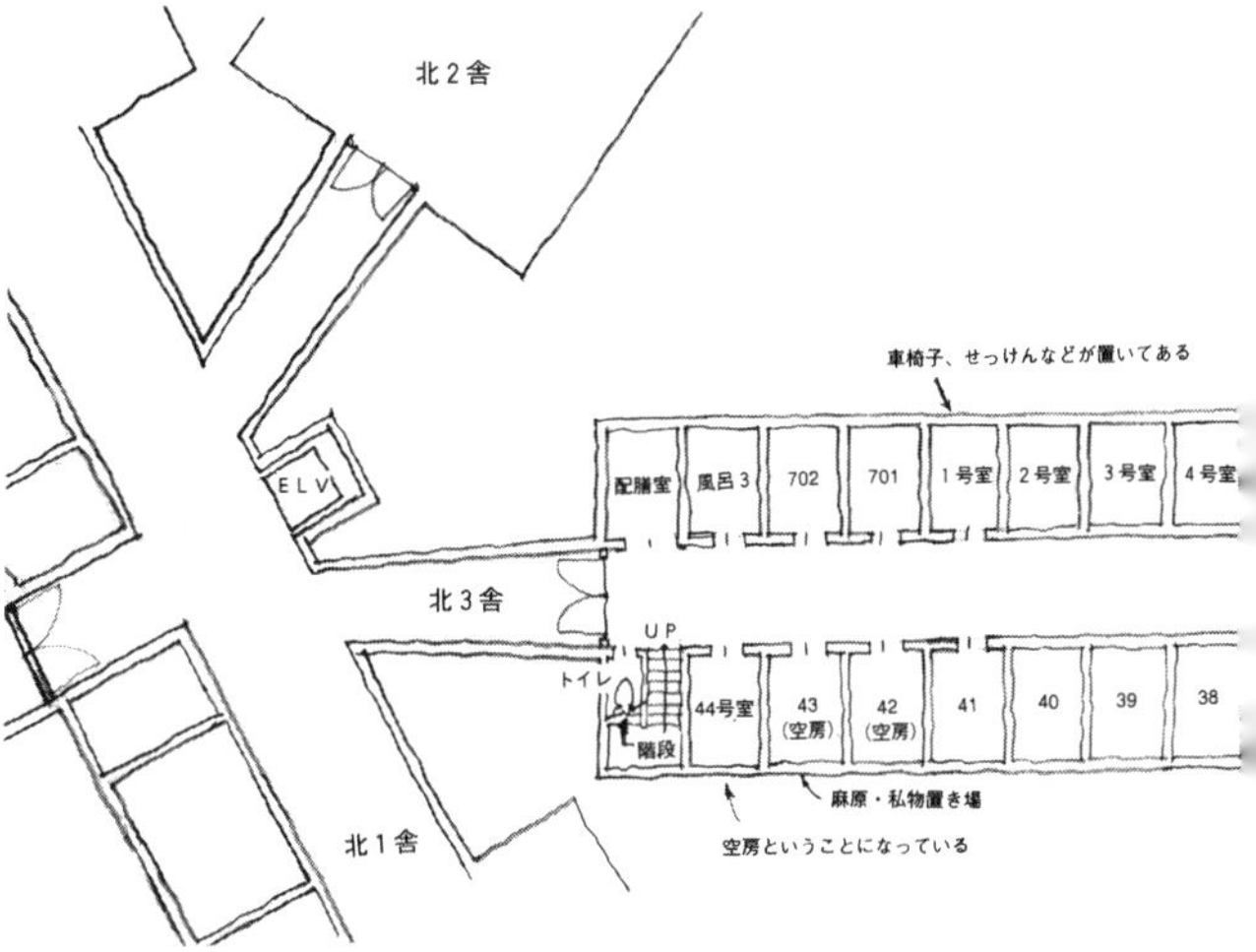

約二週間、東拘で住むにあたる心構えを学び、基本的な所作を覚えることになります。身分としては懲役ですが、歩行訓練や、帽子のかぶり方、私語は慎むことなどを覚えます。それから自分の犯した罪にたいする反省を促す意味でのいろいろな教育を施されるのです。これが終わると、例えば「北舎衛生夫を命ずる」などとして、それぞれの持ち場を指定され、仕事の任命を受け、自らの役場《えきじょう》に行かされる。働くのはここからです。

　そして私はたまたま全部で、四四房ある

東京拘置所

　東京拘置所は現在建て替え中であり、二〇〇三年三月二一日から二四日にかけて、一五〇〇人の収容者が新施設に移動した。ここで語られている舞台は旧舎である。新しい拘置所は超巨大高層ビルと化し、窓から外が見えなくなったことなど、被収容者にとっては、閉塞感は高まっている。

「空房」というマグネットシートがのぞき穴に貼り付けられている。

北三舎の担当になりました。その四四号室に麻原がいたわけです。そのうち使われているのは三九房くらいでした。その全員の食事や、彼らが買ったものを配ったり、洗濯をしたり、といった仕事をしていました。休みは月に二日くらいしかありません。

私たち衛生夫自身は南舎という別の建物に部屋を持っていました。南舎は基本的に服役囚が住んでおり、一部被告にも解放していました。まあ八割がたは服役囚でしたね。

いないことになっている麻原被告

当然初めて北三舎の担当になったばかりのときは、麻原がそこにいるなんていうことは知りませんでした。というのも、基本的には彼はあそこには「いないこと」になっているんです。房の入り口はクリーム色のペンキを塗った鉄扉です。その中央に縦五〇センチ、横一五センチくらいの観察窓が設けられており、その中にガラスがはめ込まれていますが、麻原のいる四四号は常にその窓の扉が閉ざされています。普通は中の様子を観察する意味で開けられているのですがね。また、その鉄扉の右側上部には「名札《めいさつ》」といって、被告の番号を記したプレートが据え付けられるようになっており、例えば「運動中」などと、その房の人間の状態がわかるようになっているのですが、麻原の場合は「空房」と記されているのです。私がそこに麻原がいることがわかったのは、まとめ役（ボーイと呼んでいます）が「おまえがいるところには麻原がいる」と言われ、担当からも同じように言われたからです。

我々は麻原のことを松本智津夫にちなんで「マツ」と呼んでいました。私は受刑者仲間に「このあいだマツ見たら部屋で浮いてたぜ！」とか「今日は便所に顔突っ込ん

麻原彰晃

一九五五年熊本県生まれ。戸籍名は松本智津夫。一九九五年五月一六日、地下鉄サリン事件で逮捕される。地下鉄・松本両サリン事件、坂本堤弁護士殺害事件、信徒殺害など一七件で起訴（〇七年一〇月にLSD密造など四事件の公訴を取り消し判決時には一三件）、〇四年二月二七日、東京地裁（小川正持裁判長）によって、死刑判決。

でたよ。水中クンバカっつうの？　あれ、またやってたぜ」とか冗談で言っていたものです。

北三舎一階を上から見ると、一舎と接している部分の右側の初めに配膳室、浴室があり、そこから一房が始まり、片方に二〇房まである。その向かい側から二一房が始まり、麻原の四四房はちょうど配膳室と浴室の向かい側にある。他の被告が面会に行くときなどに通ることが多いため、窓を開けておくわけにはいかないのです。彼が収容されているということを他の人には言えないのです。例えば他の被告の中にオウム事件の被害者がいるかもしれませんし、彼に恨みを持っている人がいるかもしれない。ですから初めての人などは「あそこに麻原がいるんだろう？」などと言う人もいますが、長い人は皆わかっているのです。私は被告に「あそこにいるんだろ？　臭えよな、あそこ」とか言われても「いや、いませんよ」とはぐらかさねばならないのですが、もう一〇年くらい東拘にいる人がいて、その人が皆に教えてしまうので、広まっているんです。

麻原が面会や入浴のために部屋の出入りをするときは、「待機！」という掛け声がかかり、被告は皆部屋に入り、衛生夫は配膳室に入らなければならない。北三舎の一階

から三階まで、通路には刑務官しかいない状態になり、そこで初めて麻原は外に出る

麻原裁判とは

麻原裁判一審の国選弁護人を務めた渡辺脩弁護団長は麻原裁判について以下のように記している。

「麻原裁判とは、いったい何を問うものだったのだろうか。……多くの人々を恐怖に陥れた一連の『オウム事件』、つまり、坂本弁護士事件や松本サリン事件、あるいは地下鉄サリン事件に、麻原被告がどのように関わり、どんな指示を与えていたのか、いなかったのか、が焦点だ。」(『麻原を死刑にして、それですむのか?』三五館、二〇〇四年二月刊)

つまり、一連の事件との共謀がなされたのかどうかが争点だった。しかし、マス・メディアは教祖が事件そのものの主犯であるという社会的雰囲気を誘導していく。同書に引用された第一回公判での冒頭の弁護人の意見陳述を再引用しよう。

「この裁判をめぐる最大の特徴は、法廷における証拠調べもまだ始まっていない段階であるというのに、社会現象としては、被告人を断罪する報道・評論が広範囲に先行し、本件各公訴事実がすでに成立しているかのような社会的予断が充満しているということである。このような社会現象は、今や、刑事司法における公正裁判の生命線ともいうべき『予断排除の原則』にとって、重大な脅威になっているというべきである。弁護人らとしては、当裁判所が、本日の開廷にあたり、被告人に関する既存の報道・評論などの一切の情報を念頭から完全に排除し、白紙の状態で、この公判に臨んでいることを確信しているが、そのことは、今後とも、一貫して、厳しく保持されるべきものである。」

主任弁護人だった安田好弘弁護士は、一審判決後、以下のように書く。

「オウム事件は、私たちの最後の闘いとなってしまった。無罪推定の原則も、検察官の全面的な立証責任負担の原則も、直接主義、口頭主義、公開主義の原則も、公正・公平な刑事裁判を支えてきたすべての原則が、ことごとく放擲されてしまった。

刑事裁判は死んだ。いまやまともな刑事弁護は、その存在の余地さえなくなってしまった。」(『「生きる」という権利』講談社、〇四年八月刊)

麻原裁判は、九六年四月二四日に第一回公判が開かれ、〇三年一〇月三一日の第二五六回公判で結審、〇四年二月二七日に東京地裁は麻原被告に死刑判決。

わけです。ですから彼が移動するときはすぐわかりますよ。裁判のときなど拘置所の上空をマスコミのヘリが飛びまわったりしていますしね。皆彼がいることは知っているのですが、表向き拘置所はその四四号室にはいない、というポーズをとっているわけですね。

独房での麻原被告

四四号室の隣、四三号は麻原が使う様々なものを収納しておく場所になっています。アカオチになった被告が懲役に入る際、多すぎる私物は廃棄します。北三舎は再犯の人ばかりで、ほとんどが刑務所に行くことになります。身軽のほうがいいし、大体皆そのことをわかっているので、いらないものは捨てていくのです。それは中庭に設けられた二メートル×八メートルくらいの巨大なコンテナに捨てられるのですが、そこから衛生夫はまだ使えるものを見繕って保管しておきます。その中で例えばスウェットの上下でまだ使えるようなものがあれば、それを麻原のために使うこともある。そのように廃棄され、今は麻原が使っているようなものや、彼のおむつなどが収納され

一日中壁にもたれかかり、うなだれている

右が部屋の中から入り口を、左は部屋の奥をみたところ。入り口左にはミカン箱で作った机がある。

ているのが四三号室なのです。ですからここは麻原が来てから物置として使われるようになったのだと思われます。

独房の中は畳二畳。入って部屋の奥に向かって左右に立て向きで二畳が敷き詰められています。奥左側に洗面台があり、右側には大便器が設置されています。この間取りはどの部屋も全て一緒です。しかし麻原の畳だけは他の人とは少々異なります。他の被告が使う畳は一般の家庭で使うものと同じ、イグサ製ですが、麻原のものは柔道部が使うような、ビニール製のものなのです。というのも、彼が糞尿を撒き散らすため、ビニールでないとすぐに腐ってしまうからなのです。ここで、「撒き散らす」と言ったのは、文字通り手を使って撒き散らすということではなく、敷き布団の上に「漏らしてしまう」ということです。麻原は、オムツをしていますが、そこから漏れて敷き布団の上に撒いたようになってしまったり、毛布についてしまったりするということです。

起床

被告は皆七時起床。この時間になると、房内に明かりがつき、備え付けられたスピーカーから、「朝の音楽」が流れ始めます。どんな音楽だったか、曲名はわ

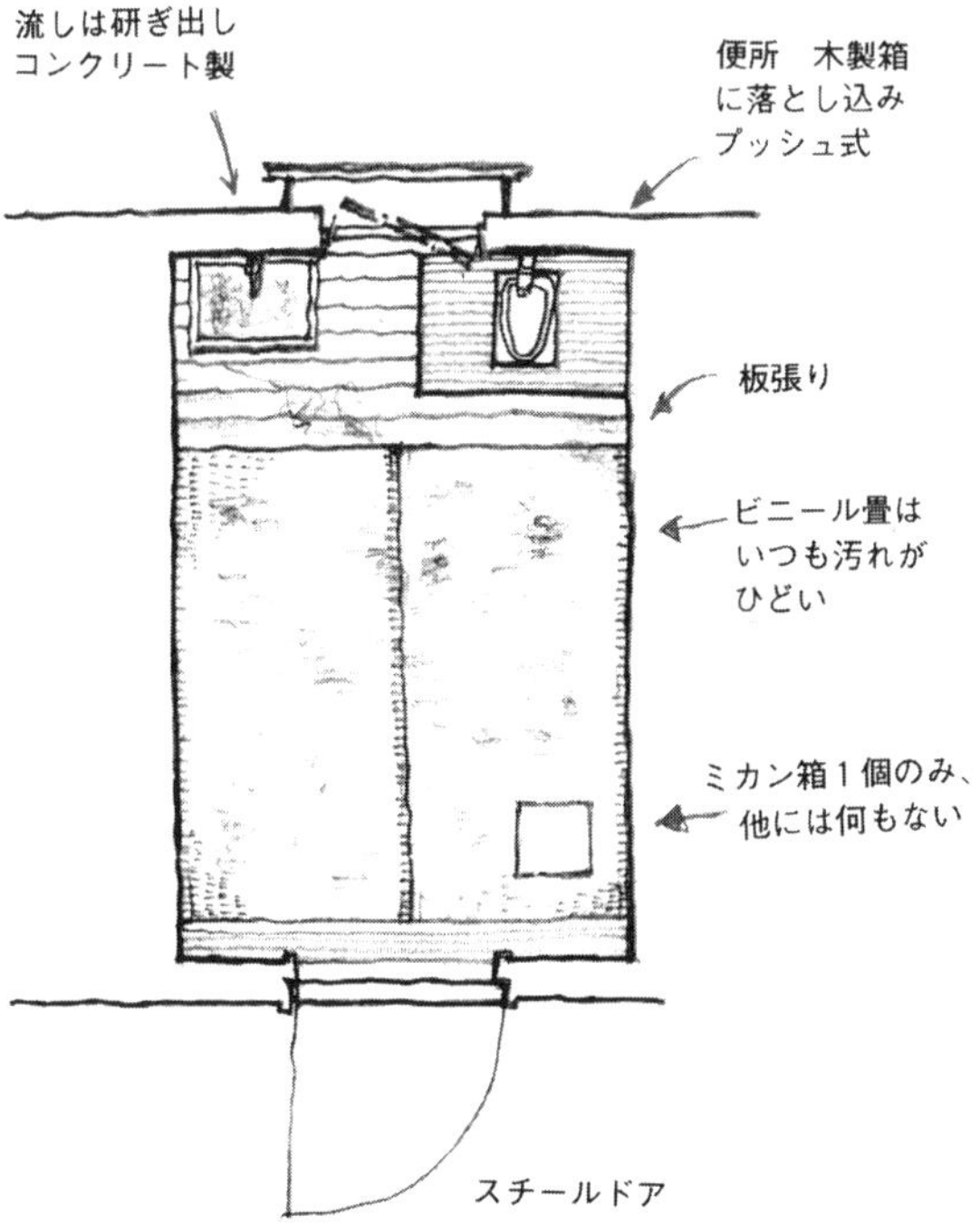

かりませんが、すがすがしい「朝」を感じさせるようなもので、毎日同じ曲でした。我々衛生夫は六時半くらいに起床し、食事を済ませてからそれぞれの持ち場に集合します。そこで先生（刑務官のこと）が点検と称して、きちんと被告が房の中にいるかどうか、確認して回るのを待ちます。点呼というか、被告に自分の番号を言わせるのです。その際被告は自分が使った布団をきちんと畳み、箒とちりとりで清掃して、先生が来るのを待ちます。

排便と洗濯

しかし麻原の場合は大分異なります。まず彼は朝、自分では起きません。それゆえ先生がドアを開けて布団を引っ剥がすのです。その剥がした布団を先生はそのまま廊下に出します。おむつをつけていても、取り替えるのは一日のうち、入浴前の一回のみ。入浴がないときには、運動の日に外に連れ出すときに替えるか、入浴もなく運動もないときには朝一回替えます。要するに、毎日一回しか替えないのです。当然布団は大小便で汚れることになる。それを干すのが我々の役目です。歌舞伎の幕にそっくりな、緑とオレンジの二色の縞模様の敷布団、掛け布団、それから冬には茶色毛布二枚が支給されますが、その全てを中庭にある物干し竿まで持って行き、そこで夕方まで干すのです。何故かわかりませんが、彼の布団は基本的に全く洗濯されていません。ただ干すだけです。雨の日もそのまま干し、洗濯の代わりにしているんです。

一番ひどいのは毛布の状態でしたね。小便に濡れたものを陽にあてて干すので、ガビガビに固まっている上、当然ひどい臭気を放っています。洗いはしないものの、さすがに冬や雨の日など、干しても乾かないこともあるので、予備の布団も後になって二組くらい用意されました。これは四二房に置いてありました。三九房までは埋まっていましたが、そこから四三房までは誰も入っていなかったのです。

特製の布団

麻原の布団は畳と同様特別製です。普通の布団は中に綿

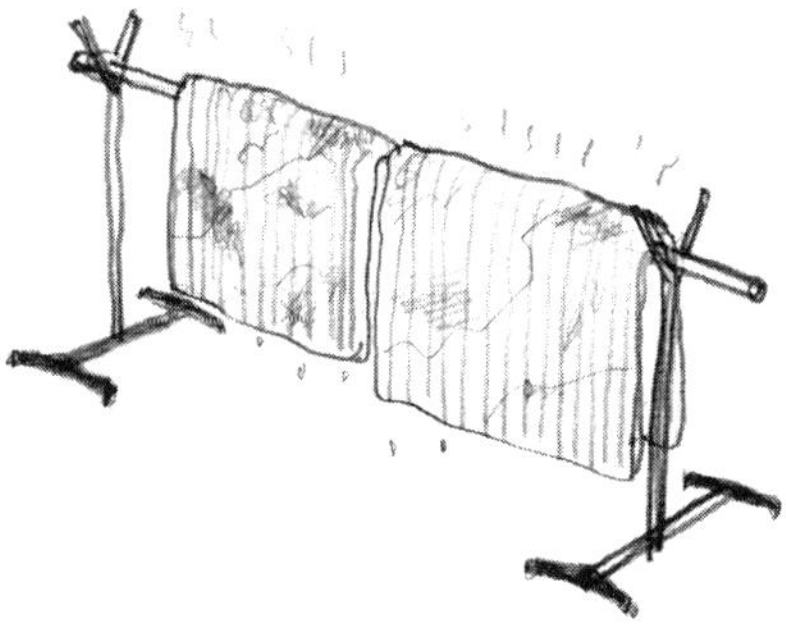

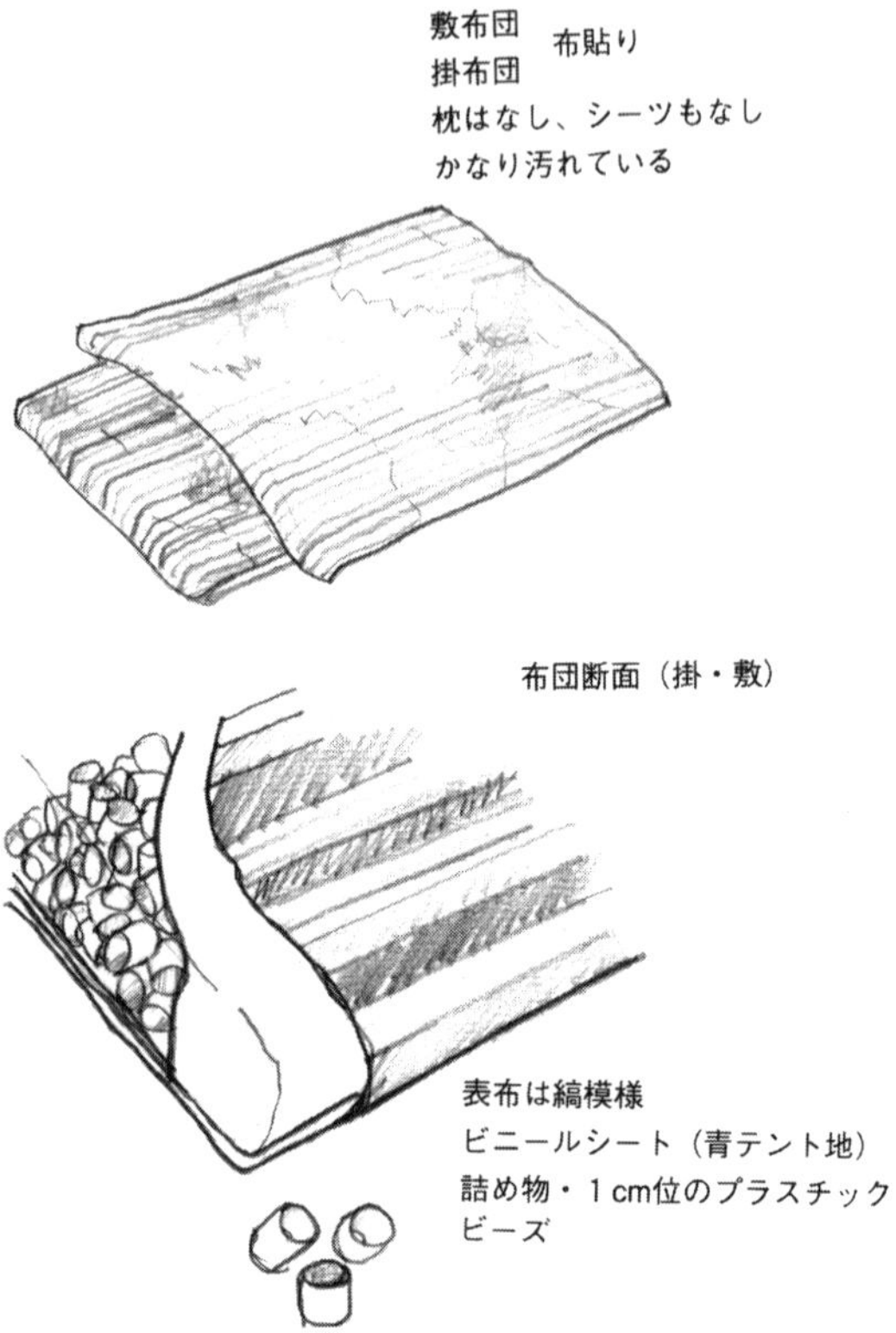

が詰められていますが、彼はその中でも用を足してしまうため、汚物だらけになって腐ってしまう。これを防ぐため、よく枕の中身に使われているような、パイプというかスプリングのようなものが中に入った布団を特注して、それを使っています。掛け布団も敷布団も同様です。彼の場合、シーツはないのです。

彼の布団や服、それから部屋も、とにかく物凄い臭いです。あれを嗅いで、私は「ああ、人間も動物なんだな」と思いましたよ。つまり排泄物で汚れた動物園の檻のような臭いなのです。部屋に便器があるのですが、それは絶対に使わず、垂れ流しです。いくらオムツをしてるとはいえ、毎度毎度の食事のたびに直径五センチ強、高さ二〇センチくらいのプラスチックの筒に入ったお茶を飲んでいるから、当然小便は出ますよね。先生は「あんまり飲ませると小便するから少なくしろ」と言ってましたよ。布団にしても、服にしても、大便よりも小便の臭いが染みついていますね。上下とも、とにかくびしょびしょなんです。なぜ上も濡れてしまうのか、おそらく寝ている間に小便をして、それで濡れてしまうんだと思います。

私は鶯色の作業着で彼の服や布団を扱うのですが、自分の腕や袖口、何故か腹のほうにまで奴の小便の臭いが染み付いてしまうのには閉口しました。まあ、大便の臭いじゃなかったから、まだマシですが。いや、もちろん小便だって嫌なんですけれどね。普段はゴム手袋を使っているのですが、忙しいと面倒くさくなって、素手で麻原の汚物まみれのものを掴んだりしていましたよ。本当に鼻が曲がるような臭いですよ。彼の部屋の前を通るだけで臭うんです。消臭剤を彼の扉にたくさん撒いていましたしね。北三舎一階の刑務官は二人おります。真偽のほどはわかりませんが、彼らには「汚物手当て」というものが出ていると聞いたことがあります。

食事

点検が終わって七時一〇分くらいから朝食の時間になります。房の鉄扉には、観察窓の下に食器を出し入れする食膳口が設けられています。通常の被告は自分の部屋に自分の食器を置いて、これを食事のたびに外に出して衛生夫が盛り付けをし、それを再び中に入れます。しかし麻原の場合は違います。食事は全て銀色のお盆に食器を並べて供されます。献立はまず朝はアルマイト製の弁当箱に入れられた白米。それから「もっそう」と呼ばれるプラスチック製の小さめの丼に味噌汁、それから梅干、のり玉のふりかけ、納豆、味付け海苔、佃煮、タラコにふりかけなどから二品が組み合わされておかずとして付きます。それからプラスチック製の筒に暖かいお茶を入れます。

昼食はご飯に焼き魚やエビフライのようなフライもののようなおかずが一品に、汁物。昼は味噌汁ではなく、スープものがでます。コーンスープとか野菜スープとかね。それから肉じゃがみたいな煮物やチンジャオロースーのような炒め物ですね。夜は一品もののおかずが減って、ご飯、汁物、煮物や炒め物だけになりますから、量として夜のほうが少ないですね。昼食は一一時三〇分から、夜はかなり早くて一五時四〇分からです。この後、弁当箱などを回収してから我々は自分の房に戻るのです。

先生が麻原の点検をしている間、私は奴の食事の用意をします。普通は刑務官が食膳口から出された被告の食器を取り、それを私に渡す。私が食事を盛り付けして先生に再び返し、それを先生が中に入れます。おかずは本来皿に盛られるのですが、麻原の場合はそうではありません。皿は使わせず、汁物以外の全てのおかずをご飯の上に盛り付けます。エビフライだろうが、煮物だろうが梅干しだろうが、全てご飯の上です。時々プリンなどのデザートが出ることがありますが、甘いものだろうがお構いなしで全てご飯の上に盛り付けます。リンゴやミカンなどはさすがにご飯の上には乗せませんけれどね。だから品数が多くなればご飯の上に乗るものも多くなって、丼ものみたいになります。

で、盆に置いたそれを先生が中に入れるのです。麻原はいつも食事を完食します。メニューに「山海

麻原被告のある日の夕食。アルミ盆の上に、海老フライ、ミックスベジタブル、プリンがアルミ弁当箱のご飯の上に乗っている。みそ汁とお茶、プラスチックのレンゲ。

漬」といって、わさび漬けみたいなものがあります。一口で涙がポロポロ出てしまうような激辛メニューです。いつもいつも麻原が全部食べるので、悪戯心を起こして、一度ご飯にこの「山海漬」を敷き詰めたことがあったのです。麻原はそれでも全て平らげました。刑務官はわかっていたのでしょうが、止めませんでしたね。薄暗いから気づかなかったのかもしれません。

これは私の想像の域を出ないのですが、彼はもはや五感が麻痺しているのかもしれません。だから味すらもわからないのでしょうか。ただ、彼は盲目のように思われますが、全盲ではありません。というのもご飯があって、味噌汁があって、お茶がある。このお盆から一人で選んで自分で食べられるわけですからね。おそらく強度の弱視のようなものでしょう。目が全く見えないということはないと思いますね。

普通の被告は四角形の小さな卓袱台が房においてあり、その上で食事をするのですが、麻原の場合は段ボール箱に細工をしたものを机代わりとして使わ

せています。通常の卓袱台だと硬いですから転んで怪我をする恐れもあります。それを懸念してのことなのでしょう。ただの段ボールだと当然潰れてしまいますから、内部に新聞紙を丸めたものを詰めてあります。周りには黒とか緑などの艶のある紙で覆ってあります。この即席卓袱台を作るのも私の仕事でした。さすがにボロボロになるので、年に何回か作り変えていましたね。

また、麻原の場合、箸は使わせません。刑務所の中だと、自分の置かれている状況に癇癪を起こしたり、あるいは病舎に行くことを画策したりして、箸を食べてしまう奴がときたまいるのです。そのためか、あるいはただ単に目が見えないからか、麻原にはプラスチック製のレンゲを使わせています。

何度か、風邪薬のような、白い粉末状のものを、彼のお茶に混ぜるよう、先生に指示されたことがあります。先生は睡眠薬だとか言っていたようにも思います。

夜は私も自分の部屋に戻るわけですから、彼がどうしているのかはわかりません。もしかしたら、夜のうちに発狂し、それを安定させるためのものかもしれませんね。私がいた二年間のうち、一〇数回薬を入れたように記憶していますが、それは定期的に投与していたわけでなく、ある一定の期間に集中的に入れていましたから、その頃特に不安定だったのかもしれません。

　その他彼は何かの注射を打たれているという噂もありました。彼がたまにどこかに連れていかれることがあるので、その時に打たれているのでは、という話です。以前、新潮や文春に喋った○○という人は、そのように取材に対して話したようですが、そんなことまでは私たちにはわかりませんから、おそらく想像で言っているのだと思いますね。

　ただ私の目の前で発狂したり、大騒ぎしたり、ということはただの一度もありませんでしたよ。以前は朝起きるなり「ショーコーショーコー！」などと叫んでいたこともあったそうですが、今や廃人のように動かず、何も言わず、といった状態で毎日ひっそりと暮らしています。食事や着替え、入浴の世話以外には全く大人しいので、先生や衛生夫も「手のかからない奴だ」などとも言っています。

　普通の被告は何かというと刑務官を呼び出したがるのです。「あの衛生夫」の態度が悪い、とか、「飯が少ない」とか何かと理由をつけて呼び出したり、暴れたりするのですが、そういう意味で麻原が手を焼かせることは皆無ですからね。

入浴

食事が終わると、運動、入浴の時間となります。何回か変更になったので、正確に覚えているわけではありませんが、基本的に入浴は一週間のうち火木か月金の週二回。夏は月水金の三日間で、全て午前中から一人一五分間で行われます。裁判がある日はその前日に必ず入浴させます。その他の日は皆、運動場に出て三〇分くらい体を動かすのです。

麻原の入浴はいつも大体午後の一番最後に行われます。入浴の際は四四号房の中で先生が服を脱がし、オムツを取ってから浴室に連れていきます。そのオムツと着替えを始末するのも私たちです。配膳室にあるゴミ箱にオムツは捨て、スウェットはビニール袋に入れておきます。三日おきくらいに「補洗」と言って被告のシーツなどを洗濯する係の人がやってくるまで、配膳室のポリバケツの中に突っ込んでおくのです。このオムツを見て私は「これ売ったらいくらになるんだろうな？　ケロヨンクラブにでも売るか！」とか仲間内で言っていたこともありました。オムツの銘柄はよく覚えていませんね。見ればわかるんだけどなあ。青いパッケージの成人用のオムツでした。ムーニーだったような気もします。中にいるときは銘柄覚えておこう、と思っていたのですが。

彼が着ているのは大体スウェットの上下。黒や灰色、黄色などがあります。私物はありませんから、他の被告が廃棄したものを着ています。夏はTシャツに短パンのこともあります。これらは全て四三号室に保管されています。冬でもスウェットだけで過ごしています。拘置所の冬というのは、暖房もありませんし、本当に寒いのです。そんななかあのような薄着でいられることも、正常とは思えない部分ですね。着替えは自分でできませんから、先生が服も引っ剥がします。脱がせた服と、使ったオムツは布団と同様に部屋の外に置かれます。これを我々衛生夫が持っていきます。配膳室にはゴミ箱とポリバケツがありますが、オムツはここに捨て、服はビニール袋に入れて三日間くらいポリバケツの中においておく。三日くらいごとに洗濯をする「補洗」の係がくるまでここにおいておくのです。

独居房の浴室は大浴場でなく、一人用。ですから交替で入るのです。刑務官二人で、彼を引っ張っていくのです。その際裸足だからでしょう。彼の足音だけがペタペタと聞こえます。普段は車椅子ですが、二人に支えられているから一応は歩けているのですね。入浴の際もその二人の刑務官が彼の体を洗ってやります。トイレ掃除に使うような、棒タワシを使って彼の体を擦るのです。そして「植物物語」や「メリット」などのシャンプーで頭を洗ってやる。その入浴後、浴室の後始末をするのが我々の仕事です。その浴室の様子は本当にすごいですよ。タイルは糞だらけだし、棒タワシにも付いています。そのタワシについた汚物を洗い流し、床に落ちた糞は靴で踏んで細かく

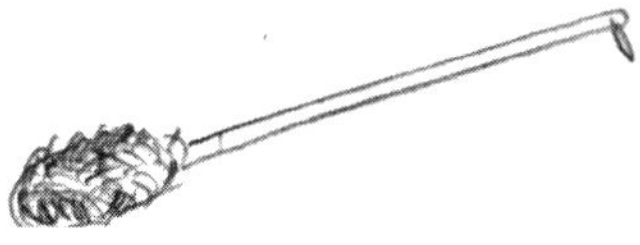

して、そのまま水で流してしまいます。官の支給品である粉の歯磨き粉を撒いて床をタワシで磨き、その後クレゾールで消毒する。

運動

麻原の運動は誰よりも早く行われます。彼は全く体を動かしませんし、運動といっても外の空気を吸わせるのが主な目的です。運動の際は北三舎の刑務官ではなく、我々が「運動の先生」と呼ぶ警備隊の先生方が四、五人付き添います。運動場とは別の中庭の近くのトタン屋根がある場所に連れて行かれるのです。衛生夫はいつも麻原の近いところにいるとはいえ、外にいる彼を見る機会は皆無です。というのも先に言ったように、彼が房の外に出るときは例外なく待機させられ、姿を見せないようにするからです。しかし私は偶然忘れ物を取りにいくか何かのとき、運動のために外に出た麻原の姿を見たことがあるのです。

私が見た麻原はテレビなどでよく見たような、でっぷりと太り、長髪で髭もじゃもじゃというあの姿とは似ても似つかない姿でした。髪はスポーツ刈りをそのまま五センチくらいまで伸ばしたようなボサボサの髪。髭は伸ばしておらず、四、五日伸ばしたくらいの長さの無精髭を生やしています。裁判のときに報じられる法廷内を描いた絵はよくできています。ちょうどあんな髪型をしていますよ。何よりも驚いたのは彼があまりに痩せていたこと。あの肥満体はどこにいったのか、ガリガリとまでは言わないまでも、げっそりと痩せ、頬もこけている。顔色は灰色がかった青白さといいましょうか、重病ではないにせよ、病気を患った表情をしていました。覇気も何もなく、完全に病人の表情をしていましたよ。

両側から刑務官に支えられようやく立つ被告

その他のときも麻原の姿を見たことはあります。本当はいけないのですが、興味があったのです。見つかったら先生に怒られるのですがね。先生が布団を出している間、本来は衛生夫は後ろを向いて待機していなければならないのですが、そのまま見ていることも不可能ではなかった。その際彼は全く一言も発せず、壁に寄りかかって黙って項垂れながら座っているだけでした。二年間あの中にいて、彼が何かを喋っているのを聞いたことは、ただの一度もありませんでした。

ある時から法廷でも喋らなくなりましたが、おそらく喋らないのではなく、喋れないのではないでしょうか。いくら自分のものとは言っても、汚物まみれで、あんなに臭くなった布団と服、それから部屋で、普通の感覚では眠れるわけがありません。この様子を見れば、精神鑑定が必要だという判断も頷けますよ。新聞はもちろんなく、何を読むでもなく、音も聞こえない世界ですからね。布団を剥がさなければならないことを考えてもわかるように、自分では動くことすらままならなくなりつつあるのです。面会に行くときは必ず車椅子ですからね。刑務官と喋っていることも聞いたことがありませんね。先生は「よう！」なんて言うのですが、

くすんだ水色のサンダル

全く無反応。一方的に言葉を発するだけで、リアクションは全くないのです。

麻原被告の部屋

麻原が入浴や運動に行くと、刑務官が部屋の掃除を始めます。畳の上にクレゾールを撒き、廊下を拭いているため、砂がじゃりじゃりしているようなモップで、畳をゴシゴシと擦るのです。そんな時、先生が「クレゾールを持って来い」などというので、その際に部屋の中を観察することができます。私物は全くなく、寒々しい部屋です。普通の収容者は服や本が置いてあって生活の臭いがするのですが、彼には何もない。歯磨きすらないのです。入浴の際に磨いてやっているのかもしれませんがね。

九時四五分くらいになると所内一斉にラジオがかかり、房の中でもスピーカーを通じてそれを聞くことができます。NHKだけでなく、ニッポン放送やTBSラジオが流れることもありました。しかしやはり麻原は別。彼の房にはスピーカーはなく、それゆえ毎日毎日ほとんどの静寂の中、じっとしているのです。

それが一一時か一一時半くらいまで続き、その後昼食となります。昼食後は一二時から一三時くらいまで「午睡」として「横になるよう」命じられます。するとシーンとして、物音が聞こえなくなります。その後一三時になると再びラジオが流れ始めます。これも麻原の部屋には流れない。なぜか理由はわかりませんがね。

あらゆる権利を剥奪された麻原被告

とにかく彼は被告が本来持つべき権利をほとんど有していないのです。午後、衛生夫は、それぞれの被告に持ち込まれたお菓子や本などの差し入れが集められたところに行き、そこから房に配りに行きます。その際、麻原には一切差し入れは入りません。それは差し入れる人が全くいないのではなく、拘置所が止めているからです。

ただ、一回間違えて我々が差し入れを集めに行く場所まで彼への差し入れが来てしまったことがありました。確か甘いものか何か、お菓子でした。誰から来たのか、おそらくどこかの篤志家か誰かではないでしょうか。差し入れには被告の名前が記されているのですが、「松本智津夫」と書かれていたのです。私もどうすればいいのかわからないので、先生に「これはどうしますか?」と尋ねたのです。すると先生は「これ

房を出るときは四、五人の刑務官が常に付いている

はいいよ」と言い、彼の手元には渡りませんでした。書籍にしても、お菓子にしても同様です。

麻原は、まさに病舎に移ってもおかしくない状況です。しかし拘置所はそれでは裁判に影響があるということで、無理矢理に普通の房の中に二年間押し込めているんです。私も刑務官に「やっぱいかれてるんですかねえ？　どうなんすか、本当のところは」なんて聞いたことがあります。

先生は「もう、いかれてんだろ。人間諦めるとああなっちゃうんだよな」と言っていました。「もう終わってるから。どうせ死ぬんだからいいだろ」とか、そんなことを話していましたね。病舎のほかに、北舎の隣には自殺の恐れがあったり、夜中に騒いで他の収容者に迷惑をかけるような人間を入れる保護房がある七舎というところがありますが、私がいる間は、彼はどちらにも行きませんでしたよ。

第2部◎娘たちの接見記

父の身に何がおこったのか

ここに収載したのは、二〇〇五年一一月二七日に弁護人主催で開いた「どうする！　麻原判控訴審」（主婦会館プラザエフにて）での発言です。接見ノート、イラストは次女。

◎松本智津夫の次女

松本智津夫の次女です。よろしくおねがいいたします。

私は二〇〇四年の八月一七日に、接見禁止の一部解除が認められ、はじめて接見をすることができました。

最初接見に行ったとき、面会前に刑務官の方から、父が会話という会話を誰とも交わさない状態であること、自分では動けないこと、車いすに乗せて面会室に連れてきている等の説明をしていただきました。間近に会うのは九年ぶりでしたので、いきなり今の父の状態を見てショックを受けないよう、気遣ってくださったのだと思います。

弁護士さんからも父の状態を聞いていましたし、その刑務官の方からの話もあったので心の準備はできていたつもりでしたが、やはり父の状態には大きな衝撃を受けました。

私が面会室に入ったとき、父は先に車いすに乗って面会室に連れて来られていました。顔色があまりよくなく、左の眼窩が落ちくぼんでいました。ズボンの股の部分が不自然にふくれていたので、おむつをはめているという話は本当だったのだと思いました。

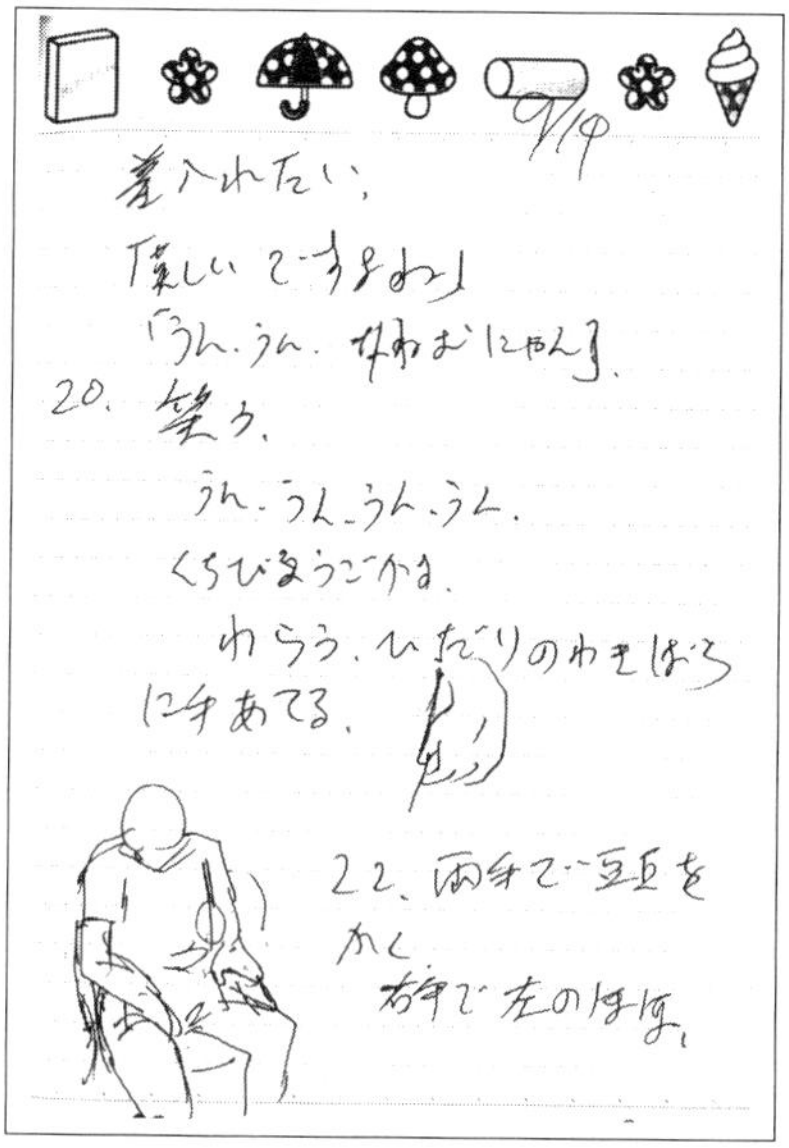

次女は接見時に克明なノートを取っている。

その日の面会において、突然父が体を左右に揺すりはじめたため、

「どうしたの？ 苦しい……？」

「大丈夫ですか。いつから一体何があったんでしょうか」

「食事とかちゃんとできていますか」

「お医者さんとか、ちゃんと診

ていますか？」

等、話しかけましたが、まったく反応はありませんでした。以来、二四回の接見を重ねて参りましたが、コミュニケーションは一切とれておりません。

代わりに、面会初日にあった体を揺する動作や、他に誰も話をしていなくとも続く、「うん、うん」という音、痙攣などは目にして参りました。

今日は、痙攣が特に顕著であった、二〇〇五年一〇月一九日の接見日について、報告をさせていただこうと思います。この日は、私と妹と弟の三人で、面会に行きました。面会時間は一時から一時半の三十分でした。

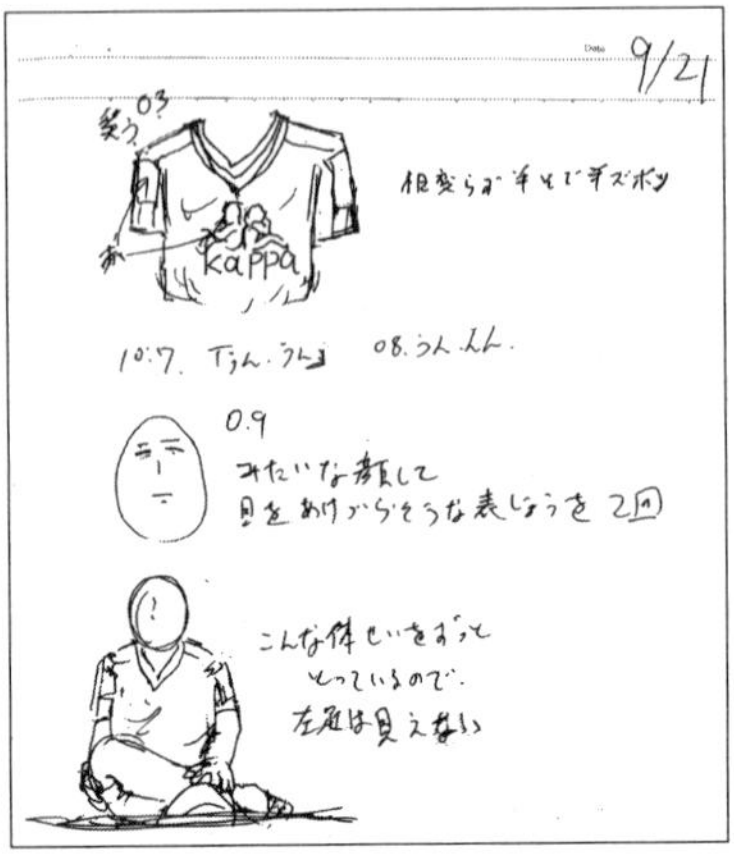

一：〇〇、「失礼します」と挨拶しながら入室。
父は入ってすぐに、右横上を向きながら、痙攣のようにびくりと体を震わせた。私は椅子に座ってから、

「寒くなってきましたが、風邪などひいていませんか？」

と父に問いかけた。いつものことだが、返事はない。

今日は苦しそうな顔をしている。顔色は赤い。両腕を深く組み、左足を上に組んでうつむくように座っている。

六分、首をあちこちに向けている。口をもぐもぐ。まぶたは細かく痙攣している。

今日は誰かの話を聞いている感じではなく、静かだ。

八分、左手であくびをおさえるような動作で、軽く口を覆う。髭を触っているように見える。

八分四〇秒、完全に右を向き、いぶかしげに壁に向けて目をこらす。子供が昆虫か何かを熱心に観察するような感じだ。

九分、眉根にしわを寄せ、何かをやはり凝視する感じ。考え込むポーズにも見える。

一〇分、左手を顎にそえ、難しげな顔をして考え込む。誰かの話を黙って聞いているような雰囲気が、出てくる。

一一分、「ぐん、ぐん、ぐん」と音を出す。喉から出しているのか、音が割れている。

一二分、天井を振り仰ぎ、正面に顔を向ける。組んでいた膝をおろし、銀色の台に身を乗り出す。アクリル板のすぐ向こうに、父の顔が来た。

わたしたちの方を、ゆっくりと見るような感じで徐々に顔を動かしていく。左手で頬をさすり、顔を左斜め前に向ける。私の顔をじっと見たようにも思ったが、顔はゆっくりとずらされていき、壁なども同じように見ている。次いで天井。

父の顔を正面から見たのは、初めてのような気がした。顔がこっちを向くだけで、自分が空気でなくなったかのような錯覚を覚える。しかしやはり私たちは、壁や天井と同等のものでしかないようだった。

一六分、左手でひげをさわり、後頭部を左手で触る。その後、両手を頭の後ろにやり、顔を右わずか上にやった。

一六分五〇秒、両手をおろし、左手であごひげにさわる。

一七分、左手で左頬を押さえる。一瞬顔が歪む。歯痛に耐えるような感じ。

一八分、左手であごを押さえた状態で、痙攣のようにびくん。顔は左向きに壁の方を向いている。

一九分、びくん。一九分三〇秒、びくんっ！　さっきまでのより強い。びくん、びくん、びくん。まぶたも痙攣している。

二〇分、顎から手を下ろす。足は右を上に組んでいる。二〇秒、びくん。今日はよく目があいている。びく、びくん。

二一分、びくん。びくびく。口もぐもぐ。

二二分、組んでいる足が大きく震えるほど、びくんっと震えが走る。眉根には深いしわ。唇が、顎が小刻みに痙攣している。

二三分、びくん、びくん、びくん。体がわずかにのけぞり、手が握りしめられる。何かせわしく、口がもぐもぐ。びくん。まぶたも痙攣。

53、口もごもご
目のけいれん。
すぐに両方とも止む。
54、あしおろす。

二四分、びくびくびく。細かい震えが走る。天井見る。びくん。震えと共に全身がこわばり、力が抜ける。

二五分、右手で頭をぺんっとさわり、すぐ降ろす。

二六分、父の体調が明らかに悪そうなので

私　「今日は体調が悪いのですか？」

弟　「大丈夫ですか？」

　返事などあろうはずもないが、父に向けて語りかける。

　二七分、

「大丈夫ですか⁉」

妹が少し大きめの声で問う。大きな声ならば、少しは反応がないかと思ったようだ。大きい音には反応することもあるのに、しかし今日は、聞こえているかどうかすらわからない。

「寒くありませんか？」

弟も少し大声。しかし何もない。

二八分、びく、びく。また痙攣が始まる。少し小さめの痙攣だ。唇もぐもぐ。顔はせわしなくあちこちを向く。下唇を噛む。もぐもぐ、もぐ。

まぶた痙攣。唇もぐ。天井を振り仰いでいる。後ろの方を向き、唇もぐ。下唇だけ口の中に入れる感じ。

「あぎゃん（？）」という感じの音を出す。顔正面。唇もぐもぐ。眉根にしわ。三〇分、びく、びくびく。喉の辺りに力が入っているのがわかる。喉が引きつる。

「じゃあ、そろそろ時間になります」と、刑務官の方が声をかけてくる。痙攣しているときも、刑務官の方は涼しげな顔をしている。もう見慣れてしまって、今更どうこう思うこともないのだろうか。

「じゃあまた来ます！」

「お元気で！」

「私と弟は、また明日来ます」

等、部屋を出る前に大声で叫ぶように挨拶したが、音が聞こえていないのではないかと思えるぐらい、何の変化もなかった。


という感じでした。

今お話しさせていただいたの以外にも、痙攣はしょっちゅう起こしています。先おととい、一一月二四日にも面会に参りましたが、二度、車いすが揺れるほど痙攣を起こしていました。

私たちはそのつど心配になりますが、刑務官の方は慣れた様子で慌てた様子はまったく見せません。それを見る度に、中でも痙攣は日常茶飯事に起こっているのではないかと、不安になります。

以上、わかりにくい点もあったとは思いますが、これにて、報告を終わらせていただきます。

ありがとうございました。

以上

九年ぶりの再会　しかし父は……

◎松本智津夫の三女

松本智津夫の三女です。よろしくお願い致します。

以前、拘置所が、私たちが父と面会しているときは、意思疎通がきちんとできているというようなことを言っていたと聞いたことがあります。

また、裁判所も、裁判所の方たちが父と面会したおりに、父が裁判官の方たちの話を理解して、返事をしていたと言っていたと、聞いたことがあります。

しかし、私は、父と二三回面会していますが、一度も意思疎通がとれていません。

私からは、そのことについて、報告させていただきます。

私が初めて面会したのは、二〇〇四年九月一四日でした。九年ぶりでしたので、それまでのことについて、いろいろ話しました。

話し始めてから少しして、突然、父が笑いました。「大学の授業で、色々な事件を授業で扱うんですけど、それを今はパソコンが進化していてインターネットで……」といった説明の場面で突然笑い出したのです。特に笑うような場面ではなかったので、「えっ?」っと、一瞬面食らいました。しかし、そのまま、話を続けました。

そうすると、父は、続いて、声か音か分からないような音を出し始めました。「ぐん、ぐん」という感じでした。そのときは、私は、話を聞いて、「なるほど、なるほど」って感じでうなずいているのだろうと信じ込もうとしました。父が本当に病気だと分かってしまうと話せなくなってしまうと、なんとなく分かっていたからです。それに父が本当に病気だと確信してしまうのも怖かったからです。

しかし、私の話の切れ目にも、なぜか「ぐん」と音を出したことがありました。「あれっ?」と思ったのですが、その日は、本当に久しぶりで、伝えたいことがたくさんあり、自分の伝えたいことを、ひたすら言い続けてしまいました。変だなとは思ったのですが、父の観察をする余裕はあまりありませんでした。

ただ、その日も結局、父は、意味の分かる言葉を一語も発しませんでした。

次に面会したとき（二〇〇四年一〇月一三日）は、最初は、手で顔を押さえて寝ていました。途中で父は起きましたが、起きた後は、右側に誰か人がいて、その人の話を聞いている様な感じでした。顔を少し、右側に向けて、「うんうんうんうん」、と言っているように見えました。ちょうど、昔、みんなの話を聞いていたときのようでした。まるで、私たちや隣にいる看守の方の存在などないかのようです。さすがに、変ではないかと思わざるを得ませんでした。

私が勉強のことを話していると、会話の内容とは何の脈絡なく、突然笑うような表情を見せました。そこで、私は沈黙しました。父が正常なのか、本当に病気なのか確認しなければならないと思ったからです。

そうすると、誰も話をしていないのに、私たちの前で、父は、「うん、うん」と言い続け、突然、笑うようなそぶりもみせました。それから、「にゃにがひむだが」という感じの音を発しました。なにか言ったのかもしれませんが、私にはきちんとした単語として理解することはできませんでした。語尾が消え入る寝言のような感じでした。

その後も、「うん、うん、うん」という音は断続的に続きました。私たちが誰も喋らなくても、その声とも音とも分からない音を出し続けました。

面会終了時間になって、刑務官が先に面会室を出ました。次に、私たちが面会室を出て、父だけが面会室に一人残ったかたちになりました。その後も、父しかいない部屋から「うん、うん」という声が聞こえていました。

さすがに、父はおかしいのだと確信を持ち始めました。

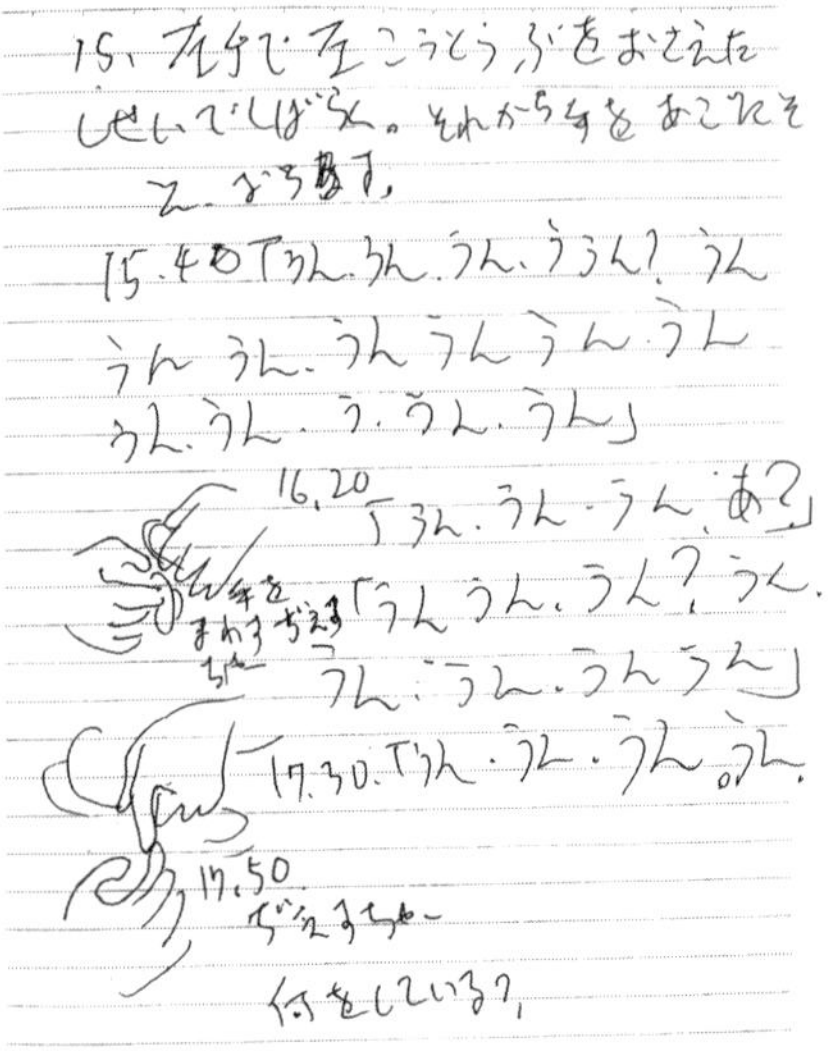

この何も私たちが話さないのに、「うん、うん」と発するのは、これからもずっと続きました。この次に面会に行ったとき（二〇〇四年一〇月二〇日）も、私たちが沈黙している間中、ずっと、「うん、うん、うん」と父だけがうなづいたり、ニヤリと笑うような表情をしていました。

本当に父が、私たちのことに反応し

て「うん、うん」と言っているのか、そうではないのかを確かめるためにも、私からはほとんどなにも話さなくなりました。正常ではない父を目の当たりにして、誰もも う話すことができなかったと言った方が正しいのかもしれません。

二〇〇五年六月八日には、面会室に入る前から、父の「うん、うん」という、うなずき音が聞こえていました。私たちの方からはこの日は、何もいいませんでした。面会室に私たちが入ったところ、父は、左を向いて「うんうん」と音を出し、手を挙げる動作をしました。

その後、右下を向いたと思ったら、すぐに右上を向き、しばらくその状態のままでした。その後正面を向いてうつむき、次に右横を向き、「うん、うん」と音を出し始めました。

父がそういった動作をする間、一言も、私たちは声を発していません。この日も父はずっとこのように私たちの存在などまるでないかのようにずっと一人で「うん、うん」と断続的にやり続けました。

以上のような感じで、父は、声とは言えない「うん」という音を発し続け、私たちの話に全く反応しません。「そもそも声が聞こえていないのではないだろうか?」と思ってしまうような状態です。

面会中、刑務官の方が、父に声をかけたことが何度かありましたが、それにも全く無反応でした。

そんな状態ですので、父と意思疎通など全くできていません。意志疎通はおろか、単語を聞いたことすらありません。


詐病であると言われている父ですが、そもそもなぜ、弁護士の先生や私たちの話には反応を示さず、裁判所の方たちに対して返事をするのか、そこら辺が理解できません。詐病を装うなら、裁判所の方たちに対してこそ、返事などするわけがないと思われます。

そう考えると、裁判所が言っていた、話を理解して返事をしていたという件については、疑問を抱かずにはいられませんでした。

つたない報告ではありますが、私の方からは以上です。ありがとうございました。

第3部◎控訴審弁護士が語る麻原裁判

控訴審の経過と現状

松下明夫

ここに収載したのは、二〇〇五年一一月二七日に弁護人主催で開いた「どうする！　麻原裁判控訴審」（主婦会館プラザエフにて）での弁護人発言に加筆し再構成したものです。当日の講演は森達也さん、有田芳生さん、司会は岩井信弁護士でした。

控訴審の弁護人の松下と申します。控訴審になってからの裁判の経過と現在どうなっているかということをご報告申し上げます。

昨年二月二七日に判決がでて以来私と松井弁護士とが付いているのですが、当初の二、三ヶ月間はまったく接見室にもきていなかったんですが、七月から初めて姿を表しました。車椅子に乗ってきたんですけれど、。私たちが裁判の状況、控訴審の状況、控訴趣意書ができませんよということを何度も話をしたんですけれども、全く話ができない、意志疎通ができないという状況が続いて、私たちもこれはおかしい、精神的に問題があるのではないかと思いまして精神科の専門の医師の方に鑑定をお願いいいたしました。

その鑑定の結果といいますのは気質障害、あるいは拘禁反応、詐病、宗教的修業といった可能性をあげられたんですね。そのままだと問題があるので大至急精密検査をして必要であれば治療をするべきだというのがお医者さんの意見だったのですから、それにもとづいて私たちは精神鑑定と公判停止の申立を行ったのです。

その間裁判所は、去年の一二月一〇日裁判長自らが拘置所へ出掛けていって麻原さんと面会して自分たちが例えば控訴趣意書はこう書かなければいけないよと言ったことに対して、麻原さんが、被告人が「ウンウン」と言って、こちらが喋ってることを理解しているようだし、また十分に反応しているので訴訟能力はあるという結論を出したんですね。それに基づいて私たちの鑑定申立、公判停止申立を認めませんでした。

その間、私たちは裁判所に対して今の状態ではとても控訴趣意書は書けないということを縷々話しておりまして、その結果かどうか、裁判所としても慎重に審理するというためとして八月三一日まで控訴趣意書の提出期限を延ばすということで、一月一一日が八月三一日に延びたわけです。その間私たちは接見あるいは裁判所と協議を繰り返していったんですがやはりどう考えてもおかしい、麻原さんが正常だとは思えないという思いはぬぐえませんでしたのでもう一回、精神科医の方に精神鑑定をお願いしました。そのお医者さんが前の医師と同様に、諸々の資料を見て麻原さんと拘置所で直接面会してその結果として「重篤な拘禁反応だから裁判を続ける状況ではない、訴訟能力はない」という意見書を出して、それに基づいて私たちは再び公判停止・精神鑑定などを申し立てました。

それが八月半ばだったんです。八月一九日になってから裁判所は、「裁判所として鑑定の形式で医師の意見を徴する。鑑定意見が出るまでは控訴を棄却しない。その間、医師の鑑定意見が出て裁判所の訴訟能力についての判断がでるまでに控訴趣意書が出されれば、それは期限内に出されたものとして扱う。」ということでした。

それで私たちは鑑定をするんであればきちんとした鑑定をしてもらいたいというふうなことを申し立てましたけれどもいずれも認められないまま八月三一日になって、被告人本人の意思が全く反映されないものを出すわけにはいかないと考え、私たちは控訴趣意書を出しませんでした。

その一方で裁判所は今裁判所の職権の手続として鑑定を行っております。それについては私たちが諸々申し立てた鑑定事項を協議し、鑑定人尋問への立ち会い、鑑定人尋問等々はまったくやらせてもらっておりません。

それが九月の初めでした。

今は裁判所の選任した精神科の医師による鑑定手続が進められている状況です。今どのような進捗状況にあるのかは私たちには全く知らされておりません。先日裁判所から連絡があり、鑑定書が出るのは二月になってからとのことでした。弁護人とすれば、控訴趣意書の問題もありますので意見が出そうな時あるいは出る時には早く教えてもらいたいと伝えてあります。それに対して裁判所は当然前もって連絡すると言っておりますけれども、裁判所による精神鑑定がどのような状況にあるのかは私たちは全く把握しておりません。

私たちの方でも三人目の医師の方に依頼しておりましたが、先般、「訴訟能力はない、しかるべき治療を行ってから裁判を裁判を再開するべきである」という意見が出ました。

そういう状況ですので今は裁判所選任の精神鑑定が進行中ということになります。

麻原さんとの接見状況について

松井武

麻原さんとの面会は、最初の会えなかったときが三〇回くらいありますけれども、それを除いて一二〇回前後になります。麻原さんに会ったときのことについて、これまで何回かプレスの方にお話しし、新聞に書かれておりますけれど、改めてここでお話しできればと思っております。

私が弁護人選任届をだしたのは二〇〇四年二月二七日、一審判決当日です。色々相談をした方がいて、その日しか弁護人選任届を出す時期はないだろうという意見をいただきまして、当日弁護人選任届を出した次第です。

その後、本日お渡しの資料の中に経過概要というのがありますので（本書八二ページ）それを見ていただければと思いますが、三月中には一度も接見に行っておりません。これは二月二七日に弁護人選任届を出しましたので、マスコミの方に「捕まったら」困るということもあり、全く行きませんでした。そろそろ大丈夫だろうということで四月五日に接見をしようと思って行きましたところ、麻原さんは接見室にも現れませんでした。本人が接見を拒絶しているのか、接見できない状態なのか、それは私にはまったく分かりませんでした。ただ接見室に現れなかったことは事実として残っております。

その後、七月二六日までは同じような状態がつづきました。七月二九日に同じように接見できないだろうと思って接見控え室で待っておりまして、そろそろ荷物を片付けて帰ろうかなというときに、係官の方から「来てます」というふうなことを言われたものですから、私は驚きました。言葉では言い表せないような驚きといった方がいいのかも知れません。一瞬何のことだかわかりませんでした。来ているといっても誰が来ているのか、いままで三六、七回来て、接見できなかったので、誰が来ているのかなと耳を疑いました。来ているといえば麻原さんしかいないということを我に返って思い出し、ああ来ているのかと、接見室に行きました。

もちろん、麻原さん自身に会うのは、初めてです。私は麻原さんが一番の段階で、一審の弁護士さんとは色々話をしたということも聞いておりますし、最後の方の段階になって接見をしなくなったということも、話としては聞いております。ただ一審の弁護士さん、おそらく全員だったと思うんですが、麻原さんとお話をしております。私はうらやましいと思いました。世間でこれだけ騒がれていろんな批判なりなんなりを受けている人です。ただ弁護人となった以上、麻原さんとぜひ話をしたいと、私は切実に思いました。七月二九日に、もしかしたら話せるかも知れない、この人と初めて会うんだというふうな期待もありました。

ただその期待はもろくも打ち砕かれたというふうに、ここでは言っておきたいと思います。なにを話をしてもまったく答えませんでした。あるいは答えられなかったのかも知れません。

麻原さんのお子さんからお父さんの弁護人をやってくれないかと二度ほど話がありました。一度目は前の年でした。その時は「冗談をいうなよ」ということで、その後その話はしませんでした。

二〇〇四年になってから二度目の話を受けました。そういう経緯もあってお子さんがたのことを事細かに麻原さんには話をしていきました。お子さん方と知りあった経緯から、私がお子さん方の色々な相談に乗ってきたことも話していきました。もちろん控訴審がどういうものか、控訴趣意書というものを出さないといけないんだという話もしました。全くそれについてもなにも答えることもありませんでした。どうしても信じられない、あれだけ世間で騒がれ、あるいは色々と評価がある人が話せないなんてことがあるものかと、午後もう一度行きました。それでもやはり同じでした。

もちろん午後に接見にいったときにも、娘さんの話、あるいは控訴審の話をできる限りしていきました。それでも会話というよりも、全く言葉を発することさえありませんでした。

私に聞こえたのは音です。音しか聞こえませんでした。それは巷間、新聞・雑誌等に出ているように、「ウン」という言葉ですね。それが連続して出ているという状態でした。あるいは突然ニヤッとしたり、あるいは突然大声で笑ったり。笑うという表現がいいのかどうかちょっとわかりませんが、あれが本当に笑っているのかどうか、それはこちらが面白いことを言ったから笑う、というふうなことでないことは間違いありません。

それでどうしようもなくなって、三日に一遍、週に二回くらい平均になりますけれども、行きました。きっと話せるんじゃないかという期待を、私はずっといだいておりました。ところが全然話はできない。会えば「ウン」「ウン」……という発語と音と、それからニヤッという笑い、大声で笑う、それの繰り返しでした。あとは寝ている。もちろん麻原さんが寝ているときはこちらも眠くなりますから私も一緒に寝てしまう。起きると「ウンウン」と一人でやっているんですよね。

そういう状態がずっとつづいて、やるせなくなるというか、涙が出そうになるというか、本当にこの人は世間でいわれている麻原さんなんだろうか、麻原彰晃という人なのかというふうに思っておりました。

ずっと接見は続けていかなくちゃいけないんだと、もしかしたら話すかも知れない、いつか必ず話したいという思いはずっと続いておりました。もうどうしようもない、これでは控訴趣意書の期限が迫るばかりで麻原さんの不服そのものが弁護人には理解できないしわからない。そもそも聞けないという状態がつづいて、これは裁判をするどころの話ではないんだと、いうふうに思って、公判手続きの停止の申し立てをしました。

その後も接見はずっと続くことになりますが、その間、裁判所、弁護人、あるいは検察官との間で進行協議が続けられ、その間に、東京拘置所の回答書もだされてきました。

二〇〇五年八月一九日、裁判所は訴訟能力を有するとの判断は揺るがない、ただ慎重を期して鑑定の形式により精神科医のお医者さんから訴訟能力についての意見を聞くのだというふうなことを、弁護人あるいは検察官に対して、あるいはプレスに対してまでこれを発表しました。裁判官、あるいは裁判所が「揺るぎない」と言ってますけれど、揺るぎないという言葉は、すごく弁護人にとっては重みがある。揺るがないということはもう変わりがないんだ、というように弁護人は受けとめました。なのに鑑定の形式で意見を徴するということが私には理解できませんでした。もう少し裁判所は言葉の重みを考えて貰えれば。私はこの言葉を聞くたびに今でも心臓が破裂しそうになります。その後も接見はずっと続きます。

少なくとも私の接見記録は七〇頁から八〇頁にわたっています。本来であれば接見の内容を公にすること自体、弁護人の被告人に対する義務に違反する、そういうふうに本には書いてありますし、そういうふうに習ったふうな記憶があります。それを敢えて犯してまで、裁判所に彼の状況を伝えてきました。さらに皆様がたに伝えるハメになったといったら、ちょっとおかしいかも知れませんが、ぜひ麻原さんの現状を理解していただきたく思い、お伝えするということにしました。

先日、裁判官の忌避の申立をしましたが、忌避を申し立てられた裁判官が自ら自分は忌避の対象にならないんだということを自分で判断しております。世界に類例がないと私は認識しております。それで、裁判官訴追委員会に対し、東京高裁第一〇刑事部裁判官三名を訴追請求をしました。これは裁判所とは別な機関で、裁判官の不公平さ、裁判所の不公平さをどうにか判断して欲しい、判断できなくても少しでも考えて欲しい、というつもりで訴追をしております。直接には弾劾裁判所と結びつくのではありませんけれども、訴追委員会で何らかの議論がなされることを期待しております。

それから弁護士会に対しても裁判所のおかしさ、二〇〇四年の一二月一〇日、麻原さんに会いに行ったこと、あるいはこれだけ世間で言われている事件であるにもかかわらず鑑定の形式という言葉を使って、精神鑑定をやるというようなことを発表したこと、その他いろんな事がありますけれども、弁護士会に対しても裁判所の行為自体おかしいんではないかということを申し立てております。

今現在、裁判とは迅速にやらないといけないんだということがあたりまえのことのように喧伝され、あるいは言われております。

しかし裁判というのは、もともとゆっくりやるものではないのかと、私自身は思います。裁判とはもともと証拠調べをやり、いろんな証拠を、供述調書などを取り調べたりして非常に時間がかかります。被告人が生命を奪われたり、自由を奪われたり、財産を奪われたり、そういうことがあるからこそ、細かな手続きが規定され、それを遵守していかなければいけない。そのために裁判そのものが遅れてもそれはやむを得ないんだというふうな、法律はそういうタテマエを取っているんではないか。単に早くやれ早くやれということで本当にすむものなのか、それはもう一度みなさん方にお考えいただければと、切に思っております。

控訴審弁護人に聞く

松下明夫・松井武

——どうして麻原控訴審弁護人になったのですか？

松井　私は麻原さんの一審の裁判についても新聞記事くらいしか、当時は知りませんでした。知り合いの弁護士との間でも、麻原裁判の話は出ていませんでした。だから麻原さんの裁判がこういう裁判なんだということは新聞・マスコミにおいてしか存じておりませんでした。ただ麻原さんのお子さんとの関係が二〇〇〇年以降ありました。そして子どもさんから頼まれたとき、私は一回目の時は冗談だろうということですんだけれども、仮りに二度三度、同じことを頼まれたら断れないだろうと思いました。私はお子さんたちに、あの子たちがこの社会で生きていくために一つ一つ解決していかなければいけない問題がある、それを一つ一つ解決していかなければいけない、決してあきらめてはいけないんだということを言ってきました。だから私もあの子たちから頼まれれば断ることはできないだろうと思っていました。

そして二〇〇四年になって話があったときに、「やるよ」と答えました。

その時には、麻原さんの裁判をどういう方針でやっていくかということについてはまったく考えておりませんでした。ただ彼、彼女たちの相談相手として、そして弁護士として、この裁判をどういうふうに考えるのか、それはその後考えていくことになりますが、その当初は考えておりませんでした。

松下　私は仙台に住んでいますが、松井さんが麻原さんの弁護を引き受けたということで麻原さんの弁護人になりました。

松井さんとは司法研修所で同期で、同じ釜の飯を食った仲です。二件ばかり仙台の事件を頼んでいて、一つは無罪を取りました。そういう恩義があったもので、松井さんからやってくれないかと言われたときに、麻原・オウムの事件はどんな事件か分かっていますから、躊躇はしましたけれども、自分は頼んでおいて、頼まれたときには知らん顔というのは仁義に反しますので引き受けたというのが正直なところです。

一審で一〇年間一二人の弁護士さんがついて裁判をやったわけですよね。これ以上の弁護団はないという方々なんです。我々で何ができるのか。それはそれとして、ある意味で刑事弁護の第一歩は接見ですので、とにかく接見だということで接見したところ、こういう状態だった。裁判どころじゃないなというところから訴訟能力なしということになっていったので、はじめからなにか明確な展望があって望んだということは、ある意味で恥ずかしいことかもしれませんが、なかったです。

――一審の安田好弘主任弁護人が、当時は訴訟能力の問題を法的な問題にはしなかった理由の一つとして、事実究明がおろそかになってしまう、責任能力なり訴訟能力なりの問題になってしまうと本人の能力の問題になってしまうのを恐れたと書いています。そうした点も踏まえて、弁護団としてこの間訴訟能力の問題が大きな問題になってきて、それが一審の事実を究明するという流れと違ってくると思いますが、それについては？

松下　控訴審で訴訟能力を問題にせざるを得なかったのは、控訴趣意書を書かなければいけないということがあるからです。

控訴審に出る弁護人がやるべきことは、一審の判決がどのように問題でどのような点が不服かということを被告の方といっしょに相談して書く、出すということが第一歩なんです。ところが接見に拘置所に行きはしても、麻原さんが私たちの前に姿を現しても、全然ついていけない状態でしたので書けない。裁判所にもいまはできないので来年（二〇〇五年）一月一一日の期限までに書けないということをずっと言ってきたんですけれど、裁判所はとにかく書けという一点張りだった。それでとてもいまの状況じゃ書けないし、そもそも麻原さんの状態というのがあたりまえとは思えないということで精神鑑定、訴訟能力がないんだというふうに入ってきたわけです。

松井　もともと控訴というのは被告人の不服がある場合、もちろん被告人側が上訴裁判所、つまり高等裁判所に申し立てるのですが、不服がどこにあるのかということを弁護人としてはどうしても彼の口から聞きたかった。しかし私たちが受任する以前に、そもそも麻原さんの一審の弁護人から控訴が申し立てられました。そういったこともありまして麻原さん自身、控訴する気があるのかどうか、控訴審を継続していく気があるのかどうか、私も聞きたかった。それと判決を検討して不服がどこにあるのか、これを知らないことにはとてもじゃないけれど、控訴趣意書を書くことはできないと、弁護人は裁判所にこの間ずっと言い続けてきました。

――弁護人からこれまでに二人の精神科医に鑑定をしてもらい、今三人目の方に依頼していると聞いていますが、どういう状態ですか。

松下　これまでお二人の精神科医の方に依頼をして現在三人目のお医者さんが精神鑑定作業中です。過去二人の精神科医の方が鑑定しているんですが一人目の方は、詐病、精神障害、拘禁反応、宗教的修行としての黙秘、といった四つの可能性がある、どちらにしても重篤な状態ではある、だから早急に精密検査をして治療にかかりたいという意見でした。二人目は重篤な拘禁反応という明確なご意見でした。一人目と二人目の医師の間では意見が矛盾しておらず、合致しているというふうに思います。お二人目の方の意見というのは一人目の方の意見を深化させていると思います。(この発言をした集会の後、二〇〇五年一二月二一日、弁護側三人目の医師の鑑定要旨が出されたが、訴訟に必要な基本的能力が欠落している、適切な治療を施すことによって精神状態の改善と訴訟能力の回復が見込まれる、というものであった。また、二〇〇六年一月六日には、弁護側四人目の医師となる関西学院大教授野田正彰医師が麻原氏と接見し、訴訟能力はない旨のコメントを出している。）

――裁判所側も鑑定を決めたということですが、弁護団として鑑定人の推薦もしたと聞いていますが、裁判所が任命した鑑定人は弁護団が推薦した鑑定人と同じ方ですか。

松下　まったく違う人です。誰が鑑定人か、住所や名前は把握しておりますが、鑑定人の名前は絶対に公開しないでくれといわれています

訴訟能力があるかどうか、正常かどうかの判断の根拠の一つは、裁判所なり拘置所側、それから私たち弁護側の意見は全然違っているんですけれども、たとえば麻原さんが接見していると「ウンウン」という声を出すんですよ。その時こちら側が「麻原

さん、お元気ですか、今日は調子いいですか」というと「ウンウン」というふうに言うんですよ。たとえば裁判長なんかは控訴趣意書の提出について供述しますというと「ウンウン」と言うんですよ。こちらの質問のタイミングと麻原さんの「ウンウン」のタイミングで反応しているように見えるんです。私たちだって慣れないときは、ウンと言ってると思いますよ、それは。ところが黙ってたって「ウンウン」と言いますし、突然笑ったり、ぶつぶつ言ったり、そういうのを繰り返す中でやはりこの人は正常じゃないよなというように思うようになったわけです。

拘置所も裁判所もそうじゃなくて、裁判長が控訴趣意書に対してこういう質問をしたと、それに対して被告人は「ウンウン」と言った。控訴審の弁護士とよく相談してちょうだいよと言ったら麻原被告人はにやりと笑った、とあたかも弁護人を侮蔑するようなニュアンスで書いているわけですよね。事実として麻原さんが「ウンウン」と確かに言います。だけど、それにこちらからの問いかけに対して反応としての「ウンウン」だというのとは違う。ところが裁判所も拘置所もそこは反応したと、答えたと、問答があったという言い方をしています。そこは違うんだということは、はっきり確認しておきたいことなんです。

——裁判所は、控訴趣意書を書くにあたって、本人の意見を聞かなくていいんだと言ってるのですか。

松下　趣意書に限って言いますと、本人の意思がなくても、弁護人が一審判決を検討してそれで書けるはずだというふうに言います。私どもは当然、それでは趣意書にはならない、控訴趣意書とは被告人本人の不服の申し立てだと思いますので、書けないということできているんです。

松井　控訴趣意書をなぜ出さなかったかという答えについても、やはり同じように答えることになります。つまり控訴趣意書というものはいま説明したようなものだというふうに考えれば、麻原さんの話を聞くことができない以上、控訴趣意書を提出することはできないし作成することさえできないということになるかと思います。

——控訴趣意書の骨子を作ったと報道されましたが、それはこういう控訴趣意書なら出せるという意思表明だと思ったのですが。

松下　骨子というのは作りましたが、それは裁判所には出しておりません。なぜ骨子を作り持参しながら提出しないというようなことを八月三一日にしたかといいますと、一つはそれまで控訴趣意書は書けないと言ってきたんですよね。ところが裁判所は八月一九日に裁判所なりの精神鑑定に入る、それはおそらく二ヶ月かかるだろう、精神科医の鑑定結果が出るまでに、裁判所の方で訴訟能力について判断するまでに控訴趣意書が出されればこれは期限内に出されたものとして扱うと言ってきたんですよ。裁判所として訴訟能力があることの確信は揺るがないけれども精神科医の意見を、鑑定の形で意見を徴すると言ってきているわけです。これは鑑定するということじゃないんですよ。鑑定の形式で意見を徴するという言い方でした。

通常であれば法廷で鑑定人の方が、もちろん弁護人被告人が立ち会って宣誓して、どのようなことを鑑定事項として鑑定するのかということを弁護人、検察官の意見を聞いて決めて、鑑定作業に入るときにはその鑑定自体に、たとえば法廷で鑑定することもあるわけですが、法廷での鑑定作業自体に弁護人も立ち会う。鑑定意見が出たならばその鑑定意見に対して弁護人の方で反論あるいは弁護人の方の医師の意見書を出すというふうな手続き、そして当然鑑定された医師の方に対して弁護人として反対尋問をするというのがふつうです。そういうのを当然やるんだろうなと思って、そういうふうになるんですよねというと確認すると、いやそうじゃない、それはいっさいしません、鑑定の形式で意見を徴するということだ、というんですよ。それで私たちは困るということで申し入れをしまして、いま私がお話しした諸々のことをやって下さいと要請したんですよ。

他方で、趣意書ということもありますので私たちは一九日の段階では出せませんと言ったんですけれども、あたかもいまの流れで、趣意書は出さないわ鑑定しろで、勝手なことばっかり言っていると見えたんだろうなと思いました。それで弁護人の方でなにもしないで、あれもしろこれもしろでは通らないだろう。そこで、はなはだ不十分ではあるけれども骨子というものを作りました。それを持っていきながら我々もやるべきことはやっているんだ、準備しているんだ、だから裁判所も、納得できる形で鑑定をやってくださいということで申し入れに行ったわけです。

それで私たちもあえて麻原さんの精神状態が正常じゃないという状況の中で趣意書

を出して手続きを進めるということはとてもできないと考えて結局、出さなかったわけです。

――控訴趣意書がでていないから控訴棄却しさっさと処刑してしまうという危険性は考えなかったのですか。

松井　もし仮に八月三一日の時点で控訴趣意書を出したということになった時に、麻原さんが訴訟能力という言葉を使わせていただきますが、訴訟能力がないんだということは二度ともう主張できなくなるのではないかと、もしもずっと麻原さんの状態が、弁護人が見ている状態がずっと続く、最高裁になっても続く、そういったときに控訴審で控訴趣意書を出せば、彼の不服はそこにあるんだということを主張したことになるんじゃないか、それは弁護人にとってはとてもできることじゃない。麻原さんが実際判決のどこに不服があるのかそれは弁護人としては絶対聞かなくてはいけないことではないか。松下とそこは一生懸命議論しました。彼がいまの状態を続ける限りというふうにお断りしておきますけれども、二度とそういうことが主張できなくなることが、たとえば最高裁になって別な弁護人が弁護活動をするといった場合も、なんでおまえらはそういうことをやってしまったのかと、もっといえば麻原さんがふつうの状態に戻ったときに、麻原さん自身から何でおまえたち、勝手なことをやったんだと言われたら弁護人としてはどうしようもなくなってくる。私は、弁護人は被告人の利益のために働くものだというふうに認識を持っております。だから控訴趣意書を出さなかったことは彼が現在裁判を受ける能力、訴訟を遂行する能力がないんだということを二人の弁護人が十分考えた上のことだということを一言いわせていただきたいと思います。

――裁判所の姿勢に対して憤っておられるわけですね。

松下　裁判所も拘置所も情報を外に出さないわけですよ。これまで裁判の経過を、私たちはその都度その都度、記者会見をしてきましたけれど、裁判所はまったくしないわけです。私たちが記者会見をやる中で裁判所が私たちが記者会見でしゃべるであろうことを予想して、裁判所の方からこういうふうにしますからと、それを我々が言って上げると、そういう状態だったんですよ。

裁判所の方からはなにも情報を公開しようとしない、その中でとにかく控訴趣意書を出せ、答弁書を求める、第一回期日を入れるということだけを言ってくるわけです。

拘置所は拘置所で、私たちが精神科医の鑑定を頼むわけですよね。何も資料がないわけですよ。拘置所の方も訴訟能力がないんだということをお医者さんの意見書を元に出すわけですけれども、こっちの方は自分たちの方はCTだ、MRIだ、血液だと資料があるわけです。拘置所の医師がその資料を見て、これこれしかじかだから大丈夫なんだと言うわけです。だったらその資料を出してくれ、その資料を私たちの方の医師に見せて判断してもらいますよと言ってもそれを出さない。ようやく最近になって、裁判所で借りたのがあるから、それを裁判所に来てみるならいいよと言ってきている、ようやくそういう程度なんです。

しかも医師の方が拘置所からでた資料を基にして、拘置所の血液検査の状態がこうだ、心電図こうだと、数字を出しますよね。拘置所側の資料を医師が見てその意見書の中に拘置所の出した数値を出す。するとそれを指摘して、拘置所側の情報を出してくれるなと裁判所が言うわけです。医師が拘置所の資料を見て意見として出してるんだと言っても、それもまかりならんと言ってくる。『法律新聞』に控訴審の状況を投稿したときにも、裁判所とのやり取りをまとめて書いた部分に対して、時間的に前後する程度のことなのに、事実関係が違うとわざわざ電話をかけてきました。反論があるなら新聞社に反論文掲載を求めて欲しいと言うと、それはしないと言う。

ことごとさように、裁判所も拘置所もまったく秘密裏に進めていこうとして、しかも我々には趣意書を出せ、手続きを進めるということだけを言ってきますので、いくら私たちが裁判所に向かって訴訟能力なんかないんだと言っても、ついこの間までは本当に全然裁判所から出るということはなかったわけですね。だからだめなんだと世の中の人に分かってもらわなければいけないと言うことで今回のこういう催しをしたんです。知ってもらいたい、人々の目から隠すなと言うことを言いたいです。

――被害者や被害者遺族に対してはどう思っておられますか。

松下　一審では麻原氏は一連の事件の首謀者ではない、共謀はないという点が弁護側の基本的主張でしたが、事実関係の問題としては控訴審でも同様です。ですから被害者のお立場を考慮する時には、あくまでも仮に麻原氏に共謀があった場合にはという前提でお話しせざるを得ません。

坂本先生ご一家がああいう形で殺害されたということを思うにつけ、私自身も弁護士ですしその事件が起こったころ身内からも気をつけろよというようなことを言われていたぐらいなんですよね。弁護士としても、また被害を受けたということになればおそらくとうてい許し難いことだと私も思います。絶対許せないと思います。私は許しません。そういう気持ちです。当然、被害者の方々、ご遺族の方々、絶対許さないぞと思っておられるのではないでしょうか。

じゃあなんでおまえ、弁護やるんだと言われると困るんですけれど。我々弁護士というのは世の中全体が被告人に対して、こいつ犯人だと言っているときに、その人の味方というのはおそらく身内、女房子ども親くらいでしょう。親兄弟だって見放す人はいますから。そのなかでせめて弁護人だけは被告人の立場に立って、論告求刑ではあたかも自分が非難されているような気持ちになりながらやるのが、被害者の方の気持ちもおありでしょうが、被告人と一緒に歩まざるを得ないと立場だと思います。

松井　例えばもし私の子どもが殺されたとすれば、私はその殺した人を一生恨むと思います。どんなことがあってもどんなに癒されてもおそらく私は一生恨むと思います。それは人間としてあたりまえじゃないかと私は思います。だけども、裁判制度がある。麻原さんの裁判のことについて言えば、麻原さんに刑罰を科す事実があるのか、あるとすればどういう手続きで、どういう刑罰を科するか、いま特に手続の適正それ自体が問われているのではないかと思います。麻原さんに訴訟能力があるか否かという問題はまさにそうです。その時に弁護士として、世論が彼を非難する中で、刑事手続を遵守させることを全うしないといけないんじゃないかと思っております。

　自分の息子が殺されたら自分で包丁を持っていって法廷で刺すかもしれない。私はそれぐらい考えたことがあります。そう考える人も、勝手な推測ですけど多くいるのではないかと思います。そんなふうに考えてしまうほど人の命というのは大切なんじゃないかと私は思っています。だからこそみんながそれぞれの命を大切にできるんじゃないかなと、だから私は麻原彰晃さんの命も大切にしたいと思っており、そのために手続きがあるなら、手続きを遵守させていきたいと思っております。

第4部◎資料篇

麻原彰晃氏控訴審の経過概要

麻原控訴審弁護団作成

2004年

2月27日　東京地裁死刑判決─受任
4月5日　接見（1）但し、被告人接見室に現れず（7月26日まで同じ）
4月7日　接見（2）が会えず
4月9日　接見（3）が会えず
4月13日　接見（4）が会えず
4月16日　接見（5）が会えず
4月20日　接見（6）が会えず
4月23日　接見（7）が会えず
4月26日　接見（8）が会えず
4月30日　接見（9）が会えず
5月6日　接見（10）が会えず
5月11日　接見（11）が会えず
5月14日　接見（12）が会えず
5月17日　接見（13）が会えず
5月17日　裁判所との進行打合せ
5月20日　接見（14）が会えず
5月24日　接見（15）が会えず
5月27日　接見（16）が会えず
5月31日　接見（17）が会えず
6月1日　接見（18）が会えず
6月2日　接見（19）が会えず
6月4日　接見（20）が会えず
6月7日　接見（21）が会えず
6月8日　裁判所との進行打合せ
6月10日　接見（22）が会えず
6月15日　接見（23）が会えず
6月18日　接見（24）が会えず
6月21日　接見（25）が会えず
6月24日　接見（26）が会えず
6月25日　接見（27）が会えず
6月29日　接見（28）が会えず
6月末　控訴趣意書提出期限を2005年1月11日までと指定「骨子だけでも提出してくれ」最初から裁判所は「この裁判は2年で終わらせる」「ふつうの裁判

と同じようにやる」と豪語↑被告人とコミュニケーションがとれない以上趣意書は書けない旨一貫して主張。
7月2日　接見（29）が会えず
7月6日　接見（30）が会えず
7月9日　接見（31）が会えず
7月13日　接見（32）が会えず
7月14日　接見（33）が会えず
7月14日　裁判所との進行打合せ
7月16日　接見（34）が会えず
7月21日　接見（35）が会えず
7月23日　接見（36）が会えず
7月26日　接見（37）が会えず
7月29日　午前と午後の2回接見（38）（39）初めて接見室で姿見る（車いす、オムツ、対話不能等）接見は、以後平均週2回程度、1回の時間30分から60分。意思疎通は不能。接見が可能となって以来接見状況は裁判所に報告。異常である旨裁判所に報告するが、関心を持たないか無視しているように見えた。

進行打合せの席では、ほとんど趣意書の作成状況、弁護人の増員の話だけ。
8月2日　接見（40）
8月5日　接見（41）
8月10日　接見（42）
8月16日　接見（43）
8月19日　接見（44）
8月24日　接見（45）
8月26日　接見（46）
8月26日　裁判所との進行打合せ
8月30日　接見（47）
9月3日　接見（48）
9月7日　接見（49）
9月10日　接見（50）
9月14日　接見（51）
9月17日　接見（52）
9月22日　接見（53）
9月24日　接見（54）
9月29日　接見（55）
9月29日　裁判所との進行打合せ
9月30日　接見（56）

10月4日　接見(57)
10月7日　接見(58)
10月12日　接見(59)
10月14日　接見(60)
10月18日　接見(61)
10月22日　接見(62)
10月26日　接見(63)
10月28日　精神鑑定、第一次公判手続停止各申立(医師の意見書添付――脳器質性疾患(ピック病、梅毒による進行麻痺及び精神作用薬物による精神障害)の可能性を指摘、精密検査と治療の必要性を強調)。意見書は合計3通提出(10月26日付け、11月5日付け、12月10日付け)。この申立に対して、裁判所は検察官に意見照会。最初の一通目は手書きで2頁ほどのもの、すぐに東京拘置所の回答書を添付して改めて意見書提出。拘置所の回答書には「正常である」旨の記載は一言もない。
10月29日　接見(64)
11月1日　接見(65)
11月5日　接見(66)
11月9日　接見(67)
11月12日　接見(68)
11月16日　接見(69)
11月19日　接見(70)
11月22日　接見(71)
11月25日　接見(72)
11月30日　接見(73)
12月1日　接見(74)
12月3日　接見(75)
12月7日　接見(76)
12月10日　接見(77)
12月10日　東京高裁第10刑事部裁判官2名が書記官と共に被告人に東京拘置所で「控訴趣意書提出に関する手続教示」と称して面会(後日、裁判官は、弁護人に対し、裁判官の質問に対し被告人が「うん、うん」等との音(声)を発したとして「こちらの言っていることは理解している」旨述べる)

12月13日　接見（78）
12月17日　接見（79）
12月17日　裁判所との進行打合せ
12月20日　東京高裁第10刑事部，上記各申立に対し「職権発動せず」との決定
12月20日　接見（80）
12月21日　東京高裁第10刑事部の上記「職権発動せず」との決定に対し異議申し立て
12月22日　東京高裁第10刑事部異議却下
12月24日　接見（81）
12月27日　異議却下に対し最高裁に特別抗告（不適法却下）
12月27日　東京高裁第10刑事部に控訴趣意書提出期限延長申立
12月27日　接見（82）
12月28日　接見（83）
12月30日　同再度の申立

2005年

1月5日　接見（84）
1月6日　東京高裁第10刑事部控訴趣意書提出期限を同年8月31日に延長
1月7日　接見（85）
1月11日　接見（86）
1月14日　接見（87）
1月18日　接見（88）
1月20日　接見（89）
1月25日　接見（90）
1月28日　接見（91）
1月31日　接見（92）
（12月下旬から1月下旬にかけてレントゲンやMRI検査実施の模様）
2月3日　接見（93）
2月7日　接見（94）
2月10日　接見（95）
2月14日　接見（96）
2月18日　接見（97）
2月22日　接見（98）
2月25日　接見（99）
3月1日　接見（100）
3月4日　接見（101）
3月7日　接見（102）

3月10日　接見（103）
3月15日　接見（104）
3月18日　接見（105）
3月22日　接見（106）
3月24日　接見（107）
3月29日　接見（108）
3月31日　接見（109）
4月4日　接見（110）
4月4日　裁判所との進行打合せ
4月8日　接見（111）
4月12日　接見（112）
4月15日　接見（113）
4月19日　接見（114）
4月21日　接見（115）
4月26日　接見（116）
5月2日　接見（117）
5月9日　接見（118）
5月16日　接見（119）
5月19日　接見（120）
5月24日　接見（121）
5月27日　接見（122）

6月1日　接見（123）
6月2日　接見（124）
6月7日　接見（125）
6月10日　接見（126）
6月13日　東京地裁に人身保護請求、国家賠償請求、日弁連に人権救済申立
6月14日　接見（127）
6月17日　接見（128）
6月24日　裁判所との進行打合せ
6月21日　接見（129）
6月27日　接見（130）
7月5日　接見（131）
7月8日　接見（132）
7月12日　接見（133）
7月14日　接見（134）
7月15日　裁判所との進行打合せ
7月21日　接見（135）
7月26日　接見（136）
7月28日　接見（138）
7月29日　第二次公判手続停止申立（医師の意見書添付——重篤な拘禁反応で昏迷

状態にある、訴訟能力なし、治療により治癒可能性ありとの指摘）

8月8日　接見（138）

8月9日　東京弁護士会法廷委員会、第二東京弁護士会刑事弁護委員会に東京高裁第10刑事部の違法不当な訴訟行為に対し、救済申立を行う

8月11日　接見（139）

8月15日　接見（140）

8月18日　接見（141）

8月19日　東京高裁第10刑事部、第二次各申立に対し「職権発動せず」との決定（東京高裁第10刑事部配布の書面――「訴訟能力を有するとの判断は揺るがない」「慎重を期して、事実取り調べの規定に基づき、鑑定の形式により精神医学の専門家から被告人の訴訟能力の有無について意見を徴することを考えている」弁護人には「鑑定結果出るまで趣意書提出あれば期限内提出として扱う」）

8月22日　接見（142）

8月22日　東京高裁第10刑事部に「鑑定の形式」につき刑事訴訟法上鑑定の規定に基づき、公開の法廷での宣誓、鑑定人尋問等を求める書面を提出（後日判明したのは、宣誓は非公開で行い、刑事訴訟法の「鑑定」の規定に基づく鑑定人尋問は行わず）。

8月29日　接見（143）

8月31日　控訴趣意書提出期限。東京高裁第10刑事部に赴き、控訴趣意書を提出しない旨伝える

9月1日　接見（144）

9月2日　裁判所から弁護人（主任）及び報道向けに書面が配布される。

9月5日　接見（145）

9月12日　接見（146）

9月16日　接見（147）

9月20日　接見（148）

9月22日　接見（149）

9月26日　接見（150）

9月29日　接見（151）
10月3日　接見（152）
10月6日　接見（153）
10月12日　接見（154）
10月17日　接見（155）
10月21日　接見（156）
10月25日　接見（157）
10月25日　東京高裁第10刑事部裁判官忌避申立
11月1日　接見（158）
11月3日　忌避申立に対する異議申立
11月9日　接見（159）
11月12日　忌避を認めない裁判に対し最高裁に
特別抗告
11月16日　接見（160）
11月18日　接見（161）
11月18日　裁判官訴追委員会に東京高裁第10刑
事部裁判官3名を訴追請求
11月22日　接見（162）
12月2日　接見（163）
12月3日　接見（164）
12月5日　接見（165）
12月7日　接見（166）
12月12日　接見（167）
12月16日　接見（168）
12月19日　接見（169）
12月27日　接見（170）

殺人等被告事件被告人松本智津夫の精神状態に関する意見書

平成16年（う）第１１０４号

目　次　　　　　　　　　　　　頁

Ⅰ　緒　言

私は、平成一七年六月一四日、殺人等被告事件被告人麻原彰晃こと松本智津夫の控訴審弁護人である松下明夫、松井武両弁護士より、同被告人につき、以下の事項に関して、意見を書面で報告するよう依頼され、これを了承した。

意見を求められた事項は以下の通りである。

1　被告人には現在、身体的疾病（ないし疾患）あるいは精神的疾病（ないし疾患）（以下、すべてを呼称するものとして疾患といいます）があるか否か。あるとすればそれはいかなるものか。そしてその理由。

2　仮に、疾患があるとすれば、被告人には訴訟能力があるか否か。

3　その他参考とある事項があれば指摘された

い。

よって私は同日より本意見書の作成に従事し、両弁護士から貸与された関係書類を精読するとともに、同月二七日、両弁護士とともに、東京拘置所にて、被告人の問診を行い、七月一二日、港合同法律事務所にて、被告人の妻○○、次女○○、三女○○、および被告人の一審からの弁護人であった安田好弘弁護士より、事情を聴取した。

Ⅱ　家族歴

家族歴については被告人の妻○○、次女○○、三女○○から聴取した。（以下省略）

・

以上、情報として充分とは言えないが、父親に短気、母親に奇行が指摘されており、……それぞれやや非定型な精神症状がみられ、少なくとも三人に精神科受診歴があることが指摘できる。また、同胞に犯罪者がいること、失明者がいることもわかる。

Ⅲ　本人歴

Ⅲ―1　本件逮捕まで

本件逮捕までの本人歴は、主として被告人の妻○○、次女○○、三女の陳述により、また一審からの弁護人であった安田好弘弁護士が以前に被告人から聞き取ったとする内容、および関係書類を参照した。

被告人は、昭和三〇年三月二日、熊本県八代郡金剛村で出生した。生来左目が見えず、右目にも視力障害があった。学齢に達し、普通教育を受けることもできたが、誘導役を必要とする○○の希望で、熊本県立盲学校の小学部に入学し、同校の寮に入った。このころは右目は視力〇・八程度は見えた。貧困のため、夏休みなどの長期休暇にしか家に帰れず、他の子が日曜日に家に帰っても寮に残っていた。詳細は明らかでないが、学校を抜け出すなどの問題行動もあったらしい。……○○によく殴られ、また○○が女性と旅館で過ごす間、外で長時間待たされるなどのこともあった。

中学部を経て高等部に進学した。一七歳ころ、視力障害の原因が緑内障とわかったが、その後も徐々に視力低下が進み、右目の視力は〇・三程度となった。鍼灸および漢方医学の教育を受け、高等部卒業後は資格を得て鍼灸師をしていた。

昭和五一年六月五日、八代簡易裁判所にて、傷害罪で罰金一万五〇〇〇円の判決を受けた。

昭和五二年五月、大学へ行こうと志し、東京へ出て、自分の資金で予備校である代々木ゼミナールに入り、連日長時間の勉強をした。しかし、その無理がたたったのか視力障害が進行し、黒板の字も読めなくなったため、大学へ行くのを断念した。この過程で〇〇と知り合い、昭和五三年一月七日に結婚した。鍼灸師として生計を立てるとともに、千葉県船橋市内で薬局の開設許可を受けて医薬品の販売業に従事した。漢方薬の調合などをしていた由である。

このころから仏教の勉強を始めた。いくつかの会に入って修行もしたが不信を抱きやめた。仕事の時間を割いて仏典に当たるなどしていたため、生活が困窮した。

昭和五七年六月、健康食品のつもりで販売した物品が、業者の設定した広告方法が不適切で薬品とみなされると判断されて検挙され、同年七月一三日、東京簡易裁判所にて、薬事法違反で罰金二〇万円の判決を受けた。

このころから「麻原彰晃」を名乗り、ヨーガの指導を始めた。当初対象者は少人数であったが、雑誌などのマスメディアに取り上げられるようになり、徐々に増えた。

昭和五九年、オウム神仙の会と銘打ってヨーガ教室を開いた。宗教的な教えについての説法をし、また書籍も発行した。昭和六〇年には会員制とし、会費や参加費をとった。このこと等により収入が安定し、経費も豊富になってきた。昭和六一年、静岡県富士宮市に本部道場を建てた。信者の数も徐々に増えた。後に「出家」と言われる、信者が家を出て共同生活をする制度が始まった。布施も増えてきた。支部も造られた。昭和六二年七月、会の名称を「オウム真理教」に変更した。平成元年、宗教法人となった。平成二年二月、衆議院議員総選挙において、「真理党」を結成し、信者らとともに立候補したが、全員落選した。

このころ以降も信者の数は増え続けた。「省庁制」を造り、オウム真理教内での権限を分与した。一方で「親の会」などの、オウム真理教に反対する動きも強まった。信者等が逮捕されることも始まった。本件犯行もこのころから始まった一連のものと言えようが、被告人の関与の度合い等に争いがあるので、ここではそれについて触れることはしない。銃や生物・化学兵器に類するものでの「武装化」もあったが、これについてもその危険度、被告人の関与度合い等に争いがあるので、ここではこれ以上触れない。教義の評価についても争いがあるので、ここでその内容について挙げることはしない。

被告人は、平成五年ころから、体調が悪いことが目立つようになり、顔はむくみ、口臭がし、眼脂もよく出た。視力低下も進み、手引きがなければ歩けなくなった。説法の数も減った。家人らの前で「死にたい」等とこぼすことも目立った。平成六年ころからは臥床がちとなった。周囲の信者らとともに、これはオウム真理教や被告人に敵意を持つ者によってまかれた毒ガスのためであると主張して、被告人らが生活していた同教の本部では隙間に目張りをするなどの対応をするようになった。信者らによって作られたコスモクリーナーなる巨大な空気清浄機を設置し、頻繁に洗浄液の交換を行わせた。生活の場所を刻々と変え、ついには自動車の中での生活が主となった。時折ホテル等に泊まることがあっても、部屋の排気口をガムテープで塞ぐなどの防御をした。保養のため沖縄へ行ったが、危険を感じて巻き添えにしないよう妻子を置いて自分らのみ帰郷したこともあった。本部等の上空を飛行機等が通るのが異常に多いと感じ、信者らに写真を撮らせ、航空機に詳しい信者の分析により米軍機であると断定されたことを受け、毒ガスを撒いているのは米軍の仕業であると主張した。このころの説法をみると、自分やオウム真理教が毒ガスによる攻撃を受けていること、それはオウム真理教の勢力をおそれるアメリカなどによるものであることなどを主張していることが記されている。なおこの騒ぎには○○らは積極的に加わったが、妻はとても信じられず、馬鹿馬鹿しいと感じて距離をとった。

家人らによれば、被告人の性格は基本的には温厚であるが、まれに激しく怒ることもあった。意志は強い一方で、剽軽で冗談好きな一面もあった。子らに対しては、忙しい中でも遊園地に何度も連れて行き、病気のときは気遣うなど優しかったが、一方で体罰を加え、罰の代わりに修行に入れるなどの厳しい面もあった。上述の毒ガス騒ぎのときのやや不自然な言動を除き、特別な奇行や精神的な異常をうかがわせる発言や行動はなかった。

Ⅲ—2　本件逮捕後

本件逮捕後の本人の様子については、主として一審弁護人を含めた弁護人からの接見や拘置所職員から聞いたとされる情報の報告書、東京拘置所長の回答書、公判調書等の関係書類に依った。この節では所見のみを記すのが本来のあり方かもしれないが、後に考察を加える際に繰り返しの記載を強いられ冗長になることを避けるため、適宜精神医学的視点からの解説を加えていくこととする。なお情報の出展も、その信用性の判断のため、極力明記すべきと考えられるが、全て記すとあまりに煩雑になるので、文脈上明らかなもの、拘置所長の回答書や公判調書などの公的なものなどについては、適宜省略する。

被告人は、平成七年五月一六日に逮捕された。逮捕勾留期間中の様子については明らかでないが、特に異常は指摘されていない。数名の弁護士の接見があったが、引き継ぎを受けた安田弁護士は特に注意すべき点を聞かなかったという。同年一一月一一日以降は同弁護士らが連日接見を行っており、特に精神的な問題を認めなかった。

平成八年三月二七日、東京拘置所に入所した。当初は起居動作で職員の手を借りることはなかった。四月五日に眼科医の診察を拒否した。同月二六日、職員に対し、「夢の中で変なものが見えるし、聞こえたりする」と述べた。これは単に夢の内容を語ったものであるかもしれないが、幻視や幻聴の始まりと把握することも可能である。

同年四月二六日の第一回公判調書では、名前を問われて「麻原彰晃と言います。」とし、松本智津夫ではないかとの問いに「その名前は捨てました。」と答え、仕事を問われて「オウム真理教の主宰者です。」とするなど、被告人の立場として考えれば正当な回答を行っている。同年五月二四日の第三回公判調書でも、裁判長と黙秘をめぐるやりとりを理路整然と行っている。少なくとも明らかな精神症状はみられないのである。

六月ころから拘置所医師の診察の拒否がみられるようになり、定期健康診断や採血も拒否した。精神医学において、状況との関連性ないし明確な理由なしに他からの働きかけを拒否する現象を拒絶症と呼ぶが、これらがこのような精神症状を示すものか、正常な意志に基づく拒否であるかは判断できない。

弁護人の接見報告および安田弁護士によれば、同年一〇月九日までは特に問題がなかった。身近にいた信者らが、被告人に不利な証言をすることが相次いだが、それによる動揺を示すことはなかった。例えばオウム真理教の重要な地位にいた人物である林郁夫が、同年九月一九日の第八回公判等で、被告人に不利な証言を行っているが、このときの被告人に特別な反応はない。弁護団は、当初被告人には黙秘させ、検察側の証人や証拠を全部出させてから、最終的な段階で被告人に証言させるという弁護方針を採ることとした。被告人はしばしば罪状認否の発言を行いたいと弁護人に漏らしたが、適切な時期に行うべきであるとの弁護人の説得に応じ、弁護方針について大きな対立があることはなかった。

平成八年一〇月一八日の第一三回公判の際の弁護団との打ち合わせで、被告人は、井上嘉浩証人に対する弁護側の反対尋問を行うべきでないと強く主張した。安田弁護士によれば、被告人の主張は、同証人は修行して聖人の域に達している人であり、その人に反対尋問というような失礼なことをしてはならない、という趣旨であった。安田弁護士らは、同証人の証言は重大で、これがそのまま認められれば被告人にとって非常に不利となるので、反対尋問を行わなければならない旨を繰り返し説明したが、被告人は翻意しなかった。この反対尋問を行うべきか否かについては、弁護団の中でも意見が分かれたが、議論が時間切れとなり、その遂行を強硬に主張する弁護士があったこともあって、結局行われた。公判の場でも、被告人と裁判長・弁護人との間でやりとりがあったことが調書に記録されている。必ずしも被告人の発言の意味が私としては明瞭に理解できるとは言えないところもあるが、それは宗教上の論理であると解することも可能である。少なくとも問いに即した応答はなされている。

同日、裁判所から帰所後、「私の弟子は……」と泣き叫びながらチーズを壁に投げつけ、「新美の言ったことはうそだ。」「落田の首ねっこをつかんだのは本当だ。」などと泣きながら独り言を言った。同月二一日、大声を発するなどして保護房に収容された。精神運動興奮である。この後職員の問いかけにも無言でいるようになった。精神医学的には、表出や行動など意志発動が行われず外界の刺激に反応しない状態を昏迷と呼ぶが、この状態は拒絶症とも昏迷ともとれる。

弁護人の報告書によれば、同日は本人が興奮している、二二日は本人の同意が確認できないと拘置所職員に言われ、いずれも接見ができなかった。二三日には接見できたが、問いかけと関係なく「団長のおっしゃるとおり」などとし、質問に対する答えが返ってきたのは三分の一ぐらいで、後半は会話自体が不成立で、また看守長も「演技でやっているとは見えない。」と語ったとしている。二四日の面会では、「国選先生を始めめちゃくちゃいじめられているのではないかという印象が出てきました。」「国選先生方が来たのは一ヵ月前かもしれません。にやにやしている波動が伝わってきます。」「堀井先生と話したくない。」などといった発言がみられる。被害念慮と考えてよかろう。「私がなぜここにいるのか教えてもらいたいんです。」「（どうしてここにいるのかわからないのですか、との問いに対し）起訴勾留されているのでしょうか。」等の発語もある。状況に関する見当識の障害と考えることもできるが、自ら「起訴勾留されているのでしょうか」と述べることなどから、真に見当識が深刻に障害されているというより、むしろわざとらしさを感じさせる。無言の時間が多く、会話の成立は困難であったとされている。おそらく拒絶症であろう。この回の質問への応答全てを通じ、思考障害、疎通障害がみられる。

同日にも大声を発し、職員に体当たりして保護房に収容された。宗教教義と本件を取り混ぜたと思われる内容または意味不明の独り言を言うようになった。独語の出現である。

二五日午前の弁護人との接見では、「安田主任の声そのものです。声が聞こえている。」などと述べている。幻聴ともとれるが、安田弁護士はこのとき接見に訪れているので、人物誤認とも言え、しかもややわざとらしさが感じられる。「ヘロイン中毒の検査をしてください。そういう感じがする。私は以前、精神病と認定されたことはありません。感覚が不思議な状態です。」などとし、また同日午後の接見では「(何か薬飲んでるの、との質問に対し)ヘロインか何かを飲まされているのではないかと思っています。」と語っている。精神状態の異常さを誇示しているのである。なお、この接見は一問一答の形で記録が残されており、質問に対して無言を通していることが目立つ。拒絶症と考えられる。

弁護人の報告書には、二八日午前の接見は拒否されたが、拘置所職員より、二六日からは騒ぐこともなく、普段の状態に戻ったように見える、との回答を得たと記されている。二八日午後の接見は一問一答の形の記録が残されており、無言であることは二五日午後の接見より少ないが、「(今、あなたの目の前にいるのが、安田だってわかっている?との質問に対し)私を含めて、多くのサマナが洗脳されています。」などと答えるなど、質問内容と沿わない回答が大半を占めている。疎通障害である。「これからどうなるんでしょう。」「早く、ここを出して下さい。」等の発言もある。上述してきた、ややわざとらしさを含む、状況の見当識障害類似の体験である。

同年一一月ころから、入浴に介助を要するようになった。職員にも「ここから出れるんですか」といった趣旨の質問を繰り返した。

一一月七日の第一四回公判では、廣瀬健一証人に対して弁護人が反対尋問をしている最中に、「前回と同じことを聞いてますので、即刻、死刑判決を下してください。」「こんなばかげたことをやり続けるのは、やめてください。」「ここから出していただきたいと思います。」「ここは、裁判所ではありません。似てはいますが。」「ここは裁判所じゃないでしょう。劇場じゃないか、ここは。」などとしている。場所ないし状況に関する見当識の障害を疑わせる発言であるが、「裁判所」とも明確に発言しており、「もともとこの裁判は、地下鉄サリンの裁判なんです。」などといった発言もあるので、完全に見当識が失われているわけではなく、やはりわざとらしさが感じられる。「だから、こういう電撃とか洗脳とかやめてほしいんだ。レーザーによる照射とか、電撃とかやめてほしいんだよ、全部。」「超音波を使いながら。私は目が見えないからここにだれがいるか分からない。それで超音波で音を出す。それで例えば、電波病だとかいろんな病名をつけていく、それでやっているわけだな。」などと、幻覚の存在を疑わせる発言もある。裁判長の発言禁止の指示にもかかわらず発言を続けたため、結局退廷となった。なお、死刑を望むかのような発言がなされていることも注目される。

同月一八日の弁護人接見の報告書には、言葉は普段より少なめであったが話をしたこと、これからは弁護団と話し合って方針を明らかにしていきますので、よろしくお願いしますと述べたこと、「先生方と約束どおり、黙秘で戦う。」と述べたことが記されている。すなわち疎通障害も拒絶症もかなり改善している。但し質問に対して無言で答えないこともあり、完全な回復とは言えない。退廷命令を受けたことやその前に自分が何を言ったかは覚えていないとしており、意識障害の存在が疑われる。

一九日の弁護人接見では、記録によれば質問に沿った回答が比較的多く、「(裁判について)お願いするしかないです。」「本当にどうもありがとうございました。先生方、よろしくお願い申し上げます。」と言いつつも「でたらめな接見だ」などという発言も記録されている。同月二〇日は「面会したくない」とし、二五日は「無言で座ったままでいる」ために、接見が行われなかった。

同月二二日の第一七回公判でも裁判長に発言せず座っているようにと何度も指示されているにもかかわらず立ち、不規則発言を繰り返し、結局退廷となった。

同年一二月三日および九日、大声を発して保護房に収容された。

安田弁護士のメモによれば、同年一二月六日の接見では、面会室に入るなり早口でまくしたて、「東拘に移監してもらいたい。正式裁判に持ち込みたい。」「今日は一一月の七日か八日だと思う。」などと発言した後、小さい、聞き取りにくい声での独語に変わっている。「とにかく、私としては一旦、接見をやめたいと思う。」などといった発言もある。前にみられたものと同様の見当識障害類似の体験、独語があり、弁護活動の拒否が表明されていることが指摘できる。

平成九年一月二日、大声を発するなどして保護房収容となった。

同月一六日の第二一回公判でも不規則発言を繰り返している。裁判長の注意に対して「どっちが被告人だ。あなたのほうが被告人だ。」などとしている。このころから、被告人の発言は断片的になっていく。同月一七日の第二二回公判では、「早く逃げろ、もう。危険だから。」などと語りながら、一方で居眠りもしていることが記録されている。法廷での行動の適切さが徐々に失われてきている。同月三〇日の第二三回公判では、「裁判長は裁判長の役割をしなさい。」「しかも長女であるならば、松本家の恥になることをするな。麻原彰晃の言葉だ。」「○○も同じだ。」「マリコちゃんもつらいだろう、こういうことやってて。」などと、裁判長に関する人物誤認を疑わせる発言がみられる。「マリコ」が誰を指すものかは不明であるが、……という名の者がある。但しこうした人物誤認も固定しているわけではなく、「阿部文洋先生では……ありませんから、ここでこういう遊びをしても仕方がないのだ。」などという発語もある。

二月一日および一六日、やはり大声を発するなどして、保護房収容となった。

弁護人の接見記録によれば、同年一月二六日から三月四日の接見では、独り言はあるが基本的に会話は成り立っており、本件などに関して理解できる内容が語られている。法廷の場での様子とは異なっていると考えられる。すなわち疎通障害が状況依存性に変動しているのである。

妻の記憶によれば、このころ以下のようなことがあった。妻も殺人被告事件の被告人となり、弁護側から提出される冒頭陳述書が作成された。妻としてはその内容を被告人に伝えるつもりはなかったが、裁判所への提出前に被告人に知らせておくべきと主張する自身の弁護人に説得され、それに同意した。安田弁護士が自身の接見の際に、被告人にこの冒頭陳述書の読み聞かせを行った。平成九年二月二〇日付の同書面をみると、被告人の妻への種々の暴力や、妻のオウム真理教への関与が被告人に強いられたものであったこと、被告人が他の女性と関係を持っていたことなど、おそらく被告人としては不本意と思われる内容も記されている。妻は、自身の弁護人から、「安田先生が麻原さんに読み上げてくれたのだが、妻の弁護人には悪魔がついていると言ったそうだ。」と聞いた。但し、安田弁護士は、これら一連のことを記憶していないとしている。

三月一九日の弁護人の接見では、開始と同時に一方的に話し、長時間の沈黙や独り言も混じり、「保釈の手続をしっかりやってほしい。」などと述べ、保釈は無理である旨を話すと激昂した。「(なぜ今の段階で事実をしゃべるのか、との質問に対し)もともと真実をしゃべるのが正しいのだ。」と反発し、「(あなたが意見を述べる機会は必ず与える、と弁護人が述べても)あなたは嘘を言っている。私はこのままでは黙って殺されてしまう。」と答えた。情動が不安定となっているようである。同月二一日、二六日に、やはり保護房収容が行われている。

三一日の接見では、「飛田検事正、足立検事、吉永検事総長は生きているか。二人とも保釈すると言っていた。」「花園裁判官という本当の公開裁判の特別陪席か、一九九六年一二月二三日保釈の決定をした。」「四つの事件は無罪になっているので保釈できる。」などと述べている。妄想ないし妄想による誤った記憶である妄想追想と考えることもできるが、被告人自身の願望に沿っていると考えられることから、空想作話と捉えるのが適切であろう。「堀井準弁護士が主任の名前を勝手に使っている。堀井先生が三億円で情報を売っている。安田弁護士と中村弁護士が脅迫されているので、保釈請求は無理なのだ。」などとしており、被害妄想とも見えるが、空想作話である放免が満たされないことを被害的に意味づけしているものとして捉える方が適切であろう。「裁判長は、阿部文雄裁判長でなければならない。阿部文洋ではない。」「ここは拘置所ではない。日本テレビです。私はここに拉致されて監禁されている。」などともしているが、これらも真の見当識障害と捉えるべきではないであろう。

四月一七日にも保護房に収容された。

弁護人によれば、同年四月九日から同年八月一二日までの接見が拒否され、理由として「拉致されているので会わない。」「会う必要はない。」「弁護人も何もいらない。釈放になるから。」「俺は釈放されているのだから会わない。」等と述べたことが職員から報告されている。空想作話に端を発した放免されるとの思いが、弁護人の接見を拒否するところにまで発展している。弁護士への協力という、被告人本人にとって利をなすと思われる行動にまで支障を来す事態に至っているのである。

四月二四日の第三四回公判の被告人本人調書では、裁判長に繰り返し日本語で話すように指示されているにもかかわらず英語で話そうとし、「一二月二三日に釈放命令が出てるんです。」などともしている。日付を尋ねられ、一九九七年一月五日か六日と答えている。時間に関する見当識の障害を疑わせる発言であるが、これまでの経過、および月日は不正確であるが年は合っているという事実は、深刻な見当識障害の存在を否定する事情となる。

第三五回から第六一回公判でも、証人尋問の際に不規則発言を繰り返している。居眠りを注意されている場面もある。立ち上がり、あるいは手を挙げるなどの行為を注意されている場面もある。

七月五日、大声を発するなどして保護房収容となった。これ以後保護房への収容はほとんどなくなったが、ほぼ終日房内に安座して独り言を言うようになった。同年九月ころから箸を使用せず手づかみで食事をすることがあった。

平成一〇年一月一六日の第六二回公判の本人調書では、やはり英語で話すなどし、「アベフミオ裁判長そのものが一九九六年一一月の一五日に釈放ということをはっきりと言ってらっしゃいますから。」などとしている。平成一〇年五月二一日の第七九回公判では「しかも、私、被告人じゃない。私は無罪だ。」「被告人じゃないよ、私は。」「一九九六年一一月に無罪になってるんだ。」などとしている。

平成一二年四月には、食事は自分で摂るものの、入浴およびその後の着衣は職員が介助し、運動も職員が手を引いて導き、独り言以外に発語はない状態であった。平成一三年三月、失禁があり、おむつを使用するようになった。

平成一五年三月一三日の第二五一、二五二、二五三回公判では弁護人、裁判官から種々の質問を受けているが無言を通している。

平成一六年二月二七日、第一審判決当日の帰所後、三〇分ほど食事に手をつけず、「なぜなんだ、ちくしょう」と大声をあげ、夜間に布団の中で「うん、うん」と声を発し、笑い声をあげたが、その後は房内に安座して独り言を言っている状態に戻った。食事は自分で食器を持って、蓮華を使ってほぼ全量食べている。判決後の次女等との接見時には、言葉を発することはないが、時折鼻をすすり、手で鼻をこすり、笑い声のような声を発して笑ったような表情を見せた。

同年四月五日から七月二六日までは、弁護人が接見を申し入れても接見室に現れなかった。同月二九日から接見室に現れるようになったが、車いすに座り、弁護人の質問に対する応答はなく、足は時々組み直し、時折話と無関係ににやりとし、口を開け、声を出して笑うこともある。空笑と言ってよかろう。あくびやのびがあることもある。「ん、ん、…」などといった発語があることもある。意味をなしてはいないが、独語としてよいものである。上半身にぴくぴくとしたけいれん様の動きがあることもある。平成一七年六月二一日の接見に至るまで、ほぼ同様の状態である。後に詳述するが、昏迷状態と記述してよかろう。松井弁護士によれば、接見の最中に服の上から股間を擦り、ついには陰茎を露出させて自慰行為をし、射精にまで至ったこともあるという。

運動の際は職員に支えられて歩くことが多いが、平成一六年一〇月二〇日には野球の投球フォームを行って「大リーグボール三号だ。」「甲子園の優勝投手だ。」と述べた。

Ⅳ　現在症

Ⅳ―1　身体的現在症

中肉中背の男性である。左目は落ちくぼんでいて開閉を確認できないが、右目は時折開眼する。但し視線を合わせることはなく、全盲であるとの情報に合致する。車椅子に腰掛け、絶えず身体のどこかを動かしている。膝付近や頬を掻く動作が多いが、身体を揺することもある。膝付近を掻く動作は、股間を擦る行為とみることもできる。身体的接触の許可は出なかったので、血圧測定や聴診・触診などによる理学的所見を得ることはできなかった。同様に神経学的所見も得ることはできなかったが、両上肢は自然な動きを見せ、右下肢も一度組み替えたことから、これらについては少なくとも粗大な麻痺はないと言える。左下肢は促しても動かすことがなく、評価ができない。不随意運動と思われる所見もなかった。

本意見書の作成に際して身体検査を行うことはできなかったが、平成一六年一一月二九日付および平成一七年三月一八日付東京拘置所長の回答によれば、平成八年の入所時、梅毒等を含む採血検査、腹部CT等を行ったが異常はなく、平成一六年一一月に頭部CTを含む諸検査を行ったが器質性精神病または症状性精神疾患は認められず、同年一二月および平成一七年一月に頭部MRI、胸部・腹部レントゲン撮影、心電図検査、血液検査を施行したが、GPTのみ60IU/lと軽度の上昇を認めた他は異常値がなかったという。細かな検査項目とその結果や、CTおよびMRIの画像そのものが開示されていないので、断定的に語ることは差し控えなければならないが、少なくとも現時点では、視覚障害のほか、身体的に特記すべき所見は見出されていないとしてよかろう。

Ⅳ―2　精神的現在症

服装は質素であるが概ね整っている。表情はやや弛緩し、ひそめ眉が目立ち、時々にやにやとした笑みを浮かべる。終始質問にははっきりした応答はない。時折「うん」という発語もあり、問診者の質問の直後に発せられる場合もあって肯定の返事ととることもできなくはないが、大部分は質問と無関係に発せられるものであるため、これらも含め全て独り言と捉えるべきであろう。同じように問診と同期して表情の変化が得られたこともあるが、これも質問と無関係にも起こるものの方が多かったので、質問に対する反応と捉えるべきではないであろう。少し右を向き、右側にあたかも誰かいるかのような仕草で耳を傾け、相づちを打つかのように「うん、うん」と繰り返すことが頻繁にあった。実際には右側は壁で誰もいない。三〇分にわたり質問を行ったが、上記のとおり返答が得られなかったものであるので、問診の経過をここに記すことはしない。日常的な様子、服装、身体機能、公判、死刑判決および執行、控訴審、裁判官、検察官、弁護人、妻、子、弟子などを話題にしてみたが、特記すべき反応はなかった。

V　考察

V―1　精神医学的診断

V―1―1　本件逮捕前について

本意見書において意見を求められた事項は現在の被告人の訴訟能力に関連するものであり、逮捕前の状態はこれに直接影響するものではないが、今後論述を進めていく上で必要となるので、簡単に精神医学的に考察しておくこととする。被告人は、種々の経過を経て、オウム真理教の教祖となり、信者を従えていた。平成五年ころまでの被告人について、精神医学的に注目される異常を来していたとする情報はない。注目されるのは、平成六年ころ以降、身体の不調を訴え、これを被告人らに敵意を持つ者によって散布された毒ガスによるものであるとして、目張り、コスモクリーナー、生活の場を転々とすることなどの対応がとられたことである。被告人らに対する毒ガスによる攻撃が実際にあったのであれば、これについて精神医学的な意味づけをすることはできない。問題はこれらが事実ではなかった場合である。この被告人らの言動を、被害妄想、それに関連する身体化症状ないし体感幻覚、およびそれに基づく不適切な行動とみなすことも可能である。一方、これらの言動を意図的な作話ないし虚言とみなすこともできる。原審判決は後者の立場をとっているようである。仮に前者であるとすると、被告人の本件犯行時の責任能力も問題となり得る。いずれの可能性についても簡単に否定することはできないし、断定するためには本件犯行を含む事実関係に関する評価も必要となるので、本来私のなすべきことではないとも考えられるうえ、今回意見を求められている事項と直接関連するわけではないから、ここで断定的な意見を述べることは差し控えておく。

なお、やや脇道にそれるが、精神医学的に虚言とはどのように把握されるかにつき付記しておく。虚言（空想虚言症）とは、その内容が虚偽であることを知っており、欺こうという意識を持って述べる真の虚言と、自己暗示から虚構なものを真実の如く誤り信じ込んで述べること（妄想ないし回想錯誤）との混合からなる症状である（中谷陽二：空想虚言の構造。同著：司法精神医学と犯罪病理、金剛出版所収）。上述した原審判決の認識は、おそらくこの一方の極である真の虚言のみを想定したものであるが、実際には自ら信じ込む妄想に近いものまで、連続的な広がりを持つものであり、このとき被告人が示した言動もこの連続量の中の特定の点に該当するものである可能性もある。ここでは指摘のみにとどめておく。

本題に戻る。この意見書で検討しておくべきことは、このころの精神症状が、後述する、昏迷に代表される現在の精神症状と関連するか否かであろう。もし関連するとすれば、それは診断において大きな情報となるからである。いささか冗長となるが、この点についてここで記しておく。このころ出現した「毒ガス」等にまつわる言動を、第二の立場、すなわち意図的な作話ないし虚言とみなす立場に立てば、少なくともこれを現在の精神症状と直接関連するものとして考察する必要はない。問題は第一の立場、すなわち被害妄想等とみる場合である。結論から言えば、この症状が被害妄想等であったとしても、私は、これが現在被告人が示している昏迷等の症状との関連を考える必要はないと思料する。第一の論拠は、この被害妄想様の症状は、逮捕後一旦軽快しているという事実である。逮捕後、この被害体験は、過去の事実として語られることはあったが、少なくとも新たな妄想産出を疑わせる言動は観察されていない。例えば、拘置所の中でも毒ガスが撒かれた、拘置所職員や裁判関係者に米軍と通ずる者がある、このままでは自らの生命が脅かされる、といった発言や、矯正施設内でもこの被害から逃れるための行動をしたなどの事実は知られていないのである。すなわち一旦症状としては途切れていると考えてよく、現在の昏迷等の精神症状への連続性を考える必要はないと思われる。第二の論拠は、一時被害妄想が出現し、その後昏迷が生じたとすれば、まず考えられる疾患である統合失調症が、少なくともこの時期の被告人においては否定的であることである。この時期の被告人において、統合失調症における代表的な幻覚である幻聴も少なくとも明確なものは観察されておらず、また例えばこの時期の説法等をみても、滅裂や連合弛緩などの統合失調症に特徴的な思考障害は認められない。感情鈍麻、無為、自閉等の症状があったとの情報も見出せない。少なくともこの時期において統合失調症に罹患していたとは非常に考えにくく、これも後の昏迷との関連を考える必要をなくさせる一つの根拠となる。

最終的には事実関係についての判断が必要となるので、上記の考察で充分であるとは言えないが、ひとまず逮捕前に示された被害妄想様の症状と現在被告人が呈している精神症状とは関連性を考える必要はないと考える。

なお、被告人の元来の性格傾向は、現在の精神状態に影響している可能性もあり、私としてはこれを知りたいと考えた。しかし、事情を聴取できた関係者の語る内容も、証人として公判で証言を行った信者らの認識も、いずれもそれぞれ現在の被告人への感情が強く影響しており、そのまま採用するに耐えないと感じられた。検討不可能であるとは考えないが、これ自体に長い時間および記載を要すると思われ、いずれの結論を出すにしても論争の的となる可能性が強く、その一方で本意見書の課題それ自体との関連はそれほど強くない。あえてここでは性格傾向の検討を省略することする。

V―1―2　本件逮捕後について

本意見書の本題とも言える、逮捕後の経過につき、精神医学的に注目される点に重点を置いて、若干の解説を加えつつ、簡単に纏める。被告人は、平成七年五月に逮捕されてから、平成八年三月に東京拘置所に身柄が移され、同年四月に公判が始まってからも、当初は弁護人との面会でも異常に気づかれず、公判でも被告人の立場を考慮に入れればそれなりに了解できる内容の意見を述べ、裁判長とも比較的自然なやりとりができている。同年一〇月の井上証人の公判を契機とし、精神運動興奮を呈するようになり、保護房に収容されるほどとなっている。拒絶症、被害念慮、思考障害、疎通障害、独語、および幻覚を疑わせる発言も生じた。弁護人の接見も、拒絶症や顕著な疎通障害のため、大きな支障を来している。一一月から徐々に日常生活にも介助を要するようになってきた。不規則発言を繰り返し、退廷となったこともあり、また居眠りなども目立つようになった。行動の制御ができず、法廷において採るべき態度が維持できなくなっているのである。しかし、同月中旬から翌平成九年三月初までの弁護人接見は、本件等に関する陳述を詳細に行っている。私はその内容の妥当性まで判断する立場にないが、少なくとも問いに対してそれに即した回答を、被告人なりの論理で整然と語っているという意味では、拒絶症も思考障害も疎通障害も大きく改善していると言ってよかろう。法廷での様子、および拘置所では保護房収容が繰り返されていることから、被告人の精神状態が状況依存性に変動していることがみてとれる。しかし、一時改善した弁護人との接見状況も長続きはせず、三月中旬以降の接見では激昂する様子もみられ、空想作話も生じ、四月から八月は接見を拒否した。同年後半以降は接見室にはやってきているが、積極的に接見に応じているとは言えず、発語も乏しい。日常生活に要する介助の度合いは徐々に高まり、平成一三年には失禁もするようになった。発語が乏しいのは弁護人との接見場面のみでなく、拘置所職員にも観察されており、平成一五年に行われた被告人質問では、弁護人、裁判官の種々の質問に、無言を通した。現在も全くの無言で、種々の問いかけにも応答はない。前述したように、精神医学的には、表出や行動など意志発動が行われず外界の刺激に反応しない状態を昏迷と呼び、それに近い状態を亜昏迷と呼ぶ。現在の被告人は、独語、空笑、身体の動きはあり、食事も摂っているようなので全く表出がない状態ではなく、典型的なものとは言えないが、種々の質問に対する反応がないことから、昏迷状態、ないしはそれにきわめて近い亜昏迷状態と呼ぶことが許されよう。

こうした経過および現在症を示す疾患として、第一に考えられるのは拘禁反応である。拘禁反応とは、拘禁を契機として発生した精神障害で、幻覚、妄想、興奮、昏迷、的はずれ応答などがみられる。拘禁反応の症状について、小木貞孝が詳細に論じているが（拘禁状況の精神病理。井村恒郎ら編：異常心理学講座5社会病理学、みすず書房所収）、上述した症状はこれらによく合う。意識障害を疑わせる記憶障害が存在することも、拘禁反応であることと矛盾しない。

拘禁反応には、文字どおり拘禁の影響のほか、公判の経緯や他者との関係が影響するが、被告人の場合、自らの公判の進行とともに、オウム真理教の行く末や信頼していた信者等の反応などが影響したのであろう。症状の顕在化は弁護団による井上証人への反対尋問の強行と機を一にしており、一旦軽快した症状が増悪したのは、上述した、妻の冒頭陳述書が読み聞かせられた時期と一致している。前者が被告人の心理に与える影響については、被告人が同証人への反対尋問に抵抗した理由が理解できないので、判然としないが、信頼していた信者が被告人の本件の進行において重大な発言をしたこと、および自身の唯一の味方とも言うべき弁護団が、事情はあったにせよ、自身の意に反した弁護活動を行ったこと等が影響を及ぼすことは想像に難くない。後者についても、留保すべき点があるとは言え、もしこれが事実であれば、やはり信頼していた妻による不本意な行動であるから、これが症状増悪の契機になったと考えても不自然ではない。

当初みられた精神運動興奮は爆発反応として捉

えられる。一時精神の異常さを誇示する態度が出現したが、拘禁反応のかなりの部分についてその症状形成に大きく関与するヒステリーにしばしばみられる現象である。状況に関する見当識の障害や人物誤認を疑わせる発言が、弁護人の接見でも、公判の場でもみられるが、正しい認識があることを示唆する発言もあり、わざとらしさが目につく。偽痴呆としてよかろう。中田修は拘禁反応にみられる、正しい回答ではないが類似の回答をする現象である的はずれ応答につき、「知っていたくない」「知っていたい」という二つの対立する意志の力関係の結果の現象であるとした。すなわち、「知っていたくない」だけであれば正解からはるかにはずれた回答をしてもよいわけで、「知っていたい」という意志があるからわずかにずれるだけの回答になるのである（的はずれ応答の精神病理について。同著：増補犯罪精神医学、金剛出版所収）。的はずれ応答が正しくないが類似の回答をするものであり、被告人の応答は正しい認識と誤った認識が交代して出現するものであるから、応答の形式は若干異なるが、同様の機序が働いていると考えてよかろう。公判で、裁判長から繰返し注意されているにもかかわらず英語で話そうとしているのも、言語の選択という形式をとっているが、同様の現象である。一時拒絶症、幻覚、思考障害、疎通障害などが顕著となった。一旦は少なくとも弁護人との接見にそれなりに応じることができるほど改善したが、それも長続きせず、再び増悪した。結局は昏迷状態となり、現在に至っている。弁護人の前で自慰行為まで行っており、人格水準の顕著な低下とみなす人もあろうが、私には偽痴呆の症状とみえる。従来、精神医学において、昏迷をきたす代表的な疾患として、統合失調症、うつ病、解離性障害（ヒステリー）が挙げられているが、拘禁反応による昏迷は第三のものに含まれる。拘禁反応における昏迷は、それを記載し検討した医学者にならい、レッケの昏迷と呼ばれる。被告人の現在の状態はこれに近い状態であると言える。拘禁反応として昏迷が数年以上にわたって続くことはまれであると考えられるが、さりとて後述するような他の障害を想定することでこの現象をより合理的に説明できるとも考えられない。

上記に空想作話の存在を指摘した。誤解のないように付記しておくが、作話とは、被告人の意図的な作り話のみを指すものではない。虚言について前述したときに記したのと同様で、意図的なものから妄想に近いものまで、連続的な広がりを持つものと理解すべきである。被告人の場合、かなりの程度に自己暗示が影響していると考えるべきであろう。この点は、後に詐病との鑑別、および訴訟能力についての考察において述べる事柄と密接に関連するので、より詳しい考察は後に譲る。

なお、世界保健機関（WTO）の国際疾病分類改定第10版（ICD-10）、および米国精神医学会の精神疾患診断統計マニュアル第4版（DSM-IV）等の国際的な操作的診断基準では、拘禁反応に対応する項目が設定されていない。あえて挙げれば、前者では解離性昏迷、後者では特定不能の解離性障害に当たるであろう。

鑑別診断として真っ先に挙げられるものは統合失調症である。現在の、ひそめ眉、独語様の頷き、拒絶症等々は、統合失調症にもしばしばみられる症状である。しかし、拘禁前に症状が見られず、統合失調症の病前性格を疑わせる所見がないこと、および統合失調症にみられる昏迷は多くの場合緊張病性の形をとり、他覚的にも緊張感が感じられることが多く、また反応がないのみでなく深刻な拒食等の自らの生命にまで危険を及ぼすようなものである場合がしばしばみられるが、被告人にはこれらの特徴がみられなかったこと等は、統合失調症と診断をつけることに否定的な要因となる。前述したとおり、逮捕前にあった症状が、統合失調症によるものとは考えがたいことも、現在の状態にその診断を付することに否定的となる根拠になる。家族歴でも、血族に奇行や精神科受診歴がある者はあるが、明らかな統合失調症と診断された者はいない。私は、緻密な精神医学的診察を行ったわけではないが、次女○○および三女とは数時間にわたって話をし、特に統合失調症に特有の所見を認めなかった。すなわち遺伝負因を積極的に裏づける情報はないということである。

器質性精神障害も検討しておく必要がある。二○○四年（平成一六年）一○月二六日付中島節夫医師の意見書（以下中島節夫意見書とする）においては、脳器質性疾患が疑われるとされ、ピック病、進行麻痺、薬物性精神障害等がその具体的な疾患名として挙げられている。前述したように、私は被告人に対する詳細な身体的診察・検査が許されたわけではないので、断定的に語ることは難しいが、結論から述べればこれらの可能性は低いと思われる。第一の理由は、症状や経過を細かくみてきたとおり、被告人の病態は、器質性精神障害で典型的にみられる痴呆や見当識障害を示したものではなく、偽痴呆であり、的はずれ応答に近い病理を持つものであった。第二の理由は、種々の検査所見である。ピック病においては、ＣＴやＭＲＩで異常所見が得られることが多いがそれが否定されていること、梅毒血清反応が陰性とされていること、薬物性精神障害でその使用が長く途絶えた後も症状が徐々に進行しついには昏迷に至るようなものは考えにくいことなどによる。但し、ＣＴやＭＲＩの画像自体が得られていないこと、梅毒血清反応でもその内容が明らかにされていないこと等から、当面これらを完全に否定することはできないことは、中島節夫意見書にも指摘されているとおりである。後者について付言すれば、梅毒血清反応には、rapid plasma reagin circle card test (RPR)、ガラス板法 (Venereal Disease Research Laboratory slide test, VDRL)、凝集法、緒方法などの非特異的血清反応 (Serologic Tests for Syphilis, STS) と、Treponema pallidum Hemagglutinin Test (TPHA) や Fluorescent Treponemal Antibody-Absorption (FTA-ABS) などの特異的血清反応がある。STSの陰性のみで梅毒性疾患の存在を否定する成書がみられるが、少なくともTPHAやFTA-ABS等の陰性を確認するまでは梅毒性疾患を否定することはできない（神経梅毒の診断と治療について。臨床精神医学29-4、439―448、二〇〇〇）。但し仮に種々の検査で器質性精神障害の存在が裏づけられたとしても、それは拘禁反応の不存在を意味しない。上述したように、むしろ被告人の示している病理は拘禁反応によると考える方がはるかに自然である。

もう一つ考えられるのは詐病である。そもそも拘禁反応と詐病との関係については諸説があるが、その密接な関係や相互の移行の可能性については多くの論者が一致している（朴光則ら：拘禁反応。風祭元ら編：臨床精神医学講座一九巻司法精神医学・精神鑑定、中山書店所収）。拘禁に対する目的反応として、両者を区別すること自体を否定する論者すらある。実務的にも、両者の鑑別を論じることは難しい場合が多い。しかし、明らかな詐病の報告例もあり、被鑑定人自身が精神病を演じていたことを告白し、その告白が信用に値する例もある。被告人の最近に至るまでの症状を検討することで、できる限り鑑別を試みてみよう。比較的初期にみられた幻覚の訴え、見当識障害や人物誤認を疑わせる発言にわざとらしさを見出し、多少なりとも意図的なものを感じることは自然である。しかし、第一に、こうした所見は拘禁反応でもしばしばみられるものである。第二に、被告人には正しい認識と誤った認識を交代に表明するという特徴的な所見がある。これは、「知っていたくない」「知っていたい」という二つの対立する意志の力関係の結果の現象として捉えられる、拘禁反応に特徴的な症状である的はずれ応答に類似した機序が作用していると考えられる症状であることを上述した。そして第三に、一旦症状が軽快した後に、また悪化して徐々に進行し、昏迷に至る過程をみると、拘禁反応の特徴に非常に合致し、全てを完全な演技として把握するのは難しい。これらの諸点からみると、被告人の現在に至るまでの経過を、詐病として説明することは非常に困難であると感じられる。

前述した操作的な診断基準によっても、明らかな詐病ないしそれに相当する項目の診断基準を満たさない。例えばDSM - IVのV65、2詐病は、虚偽のまたはひどく誇張した意図的な身体症状または精神症状であり、それが兵役からの回避、仕事からの回避、補償金の獲得、刑事訴追からの逃避、または薬物の入手など外的な誘因などによって動機づけられているものを指す。ICD - 110のZ76.5詐病も同様である。被告人の現在の状態においては、前提となる、明らかな意図を証明することができない。なお、類似の障害であるが、虚偽性障害（ICD - 10のF68.1、DSM - IV300.16）は、「行動の外的動機が欠如している」ということを条件としている点で、被告人の場合にはこれに当たらないということができる。

V―2　訴訟能力に関する参考意見

そもそも法的能力については最終的には法律家の判断するところである上、実質的な意味でも、訴訟の場についての経験が法律家に比して著しく少なく理解が十分とは言えない私が、被告人の自己防御能力等につき、どれだけのことを述べられるかについても疑問があるが、意見を述べるべき事項としてその判断の求めが明記されていることもあり、ここでは精神医学的観点からいくつかの事項を述べて参考意見を記すこととする。

上述したように、被告人の診断は、いくつか留保しなければならない点があることは認めた上で、基本的には拘禁反応として考えるべきであると思われる。すなわち、本意見書で問題となるのは、拘禁反応の訴訟能力である。これについては古くから種々の議論があるが、この問題が厄介なのは、この疾患の症状がまさに拘禁や訴訟過程に応じて変動すること、およびこの疾患の本質が目的反応であると考えられることによる。司法精神医学のみならず刑事行政全般に関わるとも言えるこの大きな問題について、本意見書で充分に論じることができるとは思えないが、ここでは本件被告人の現在の状態に即して、できる限り考察を試みる。

拘禁反応という疾患が目的反応であるという点のみを強調すれば、これによる訴訟無能力は認めないという考え方となる。これはこれで一つの妥当性を有するし、本疾患においては原則として訴訟能力が認められるべきであるとの立場を提唱する論者は少なくない（例えば中田修：拘禁反応と訴訟能力。同著：増補犯罪精神医学、金剛出版所収）。私も、拘禁反応の訴訟能力を考えるときには、その目的反応としての性質を無視してはならないと考える。

しかし、まず結論を先に述べれば、私は、本件被告人の現在の状態については、訴訟無能力が認められるべきであると考える。その根拠の第一は、被告人の呈している症状が非常に重篤であるという事実である。被告人の現在の状態は昏迷であり、公判の場のみならず、弁護人との接見活動においても、被告人本人の意志が確認できないという点で、大きな支障を来している。本邦の刑事訴訟法は公判が被告人不在で行われることについて厳しい制限をもうけている。被告人が出廷していても、それが昏迷状態にあるのであれば、それはいわば被告人不在で公判が進められているのに等しいと言えよう。拘禁反応であっても例外なく訴訟能力を認めるとの主張はむしろ少数で、上述のように、基本的に拘禁反応に訴訟能力を認める立場である旨を公言している中田も、拘禁反応が非常に長期にわたるためにどうしても審理が不能であり、訴訟無能力を肯定しなければならない症例が例外的にありうるとしている（中田修：訴訟能力、弁論能力。懸田克躬ら編：現代精神医学大系24巻司法精神医学、中山書店所収）。拘禁反応が目的反応であるということを考慮に入れてもなお、現在の被告人ほど深刻な症状を呈している場合は、訴訟無能力を考慮すべき例外状況にあると考えてよかろう。

被告人が拘禁反応を呈し、疎通障害、的はずれ応答等で意志疎通に支障を来しながらも、時間をかけてコミュニケーションを試み、何とか被告人の透けて見える真意を推し量りながら弁護活動を行うということはあり得よう。しかし、本件被告人は、弁護人らの種々の努力にもかかわらず疎通が全くと言っていいほどとれない状態となっており、これは弁護活動の工夫や時間をかけることで解決する問題ではない。

第二の根拠はヒステリーという病態の理解である。拘禁反応という疾患は少なくともその一部をヒステリー反応として考えるべきであり、被告人の場合もこの機序が大きく働いている。被告人の精神状態は昏迷でありほぼ一切の疎通が不可能な状態であるが、その重篤さを認めつつ、なお訴訟能力ありとみなす考え方は、この問題について拘禁反応と詐病とを等置するものである。しかし、これらは共通点を持つとは言っても、同一視することは適切ではない。詐病者は病気の装いをとろうとするのに対して、ヒステリー者は端的に病気であろうとするのである。ヒステリーという病気であることによって、患者が願望し、目指したものが患者の手に入る。というのは、患者はまさに患者であることによって自動的に、わずらわしい生存闘争から解放され、競技場（法廷）に姿を見せないことに対する言い訳が得られる。しかもその際、この不快な病気さえなければ、自分も相当のことをやってのけただろうに、という考えが背後にあって彼を慰める。彼は病人としての配慮を獲得し、あるいは要求する。そうすることによって身近な人々を騒動の中に落とし込む。そしてこうしたことがヒステリー者に救済をもたらし、この救済こそがヒステリー者の目指した目標である。それは場合によっては極度の自己欺瞞によって贖われるが、そこに紛れ込む他者の欺瞞は決して目標ではなく、ただことのついでに取り込まれたに過ぎない。これに対し、詐病者は端的に他者欺瞞を目標にする。そしてヒステリーは疾病（驚愕反応）と非疾病（詐病）の中間に位置する（西山詮：心因説の社会的意義とその基礎。精神経誌78-8、529—554、一九七六）。文中の驚愕反応とは、今日では外傷後ストレス障害（PTSD）ないし急性ストレス障害（ASD）、しかも大災害などの後に出現する、いわば反射に近いものと診断されるものと考えられ、本邦では阪神大震災後多数の被災者等に生じた精神症状が記憶に新しい。ヒステリーの中には患者の意志が見え隠れするが、これを患者の意志と同一視し、詐病と等置することは、疾病と非疾病の間に位置するというヒステリー概念の特徴を否定するものである。昨今ヒステリーは、疾病単位としてとり上げられることが少なくなり、上述したICD-10、DSM-IV等の診断基準でも採用されていない。これは、その名称が由来からしてそもそも女性への蔑視を含んでいること等が理由として挙げられることが多いが、そればかりではなく、むしろヒステリー概念が歴史的に発展し、単一の疾患ではなく多くの障害に包含されて記載されるようになったということの方が大きいと考えられる。例えば、上述したPTSD自体も、ヒステリー概念を考慮に入れずに考えることは困難であるとの指摘もある（岡野憲一郎：外傷性精神障害。岩崎学術出版社）。PTSD概念にも種々の議論はあるが、近年法廷にも出現していることに示されるとおり、現在ではその存在自体を否定する論者はまれである。ヒステリーを否定し、あるいはそれを詐病と同一視する立場は、PTSDの否定にもつながる。ヒステリー概念の重要性を直視する立場に立てば、その一種であると言える拘禁反応と詐病を同一視する立場は採り得ず、少なくともその訴訟無能力の可能性を単純に否定することはできず、重症例にはこれを認める方向をとらざるを得ない。

第三に、被告人の病状の経過をみても、訴訟能力が失われていく過程をみてとることができるという事情による。現在のようにほぼ全く疎通がとれなくなると、被告人が訴訟を理解しているのかどうかすら判断することができない。しかるに、現在の状態は、上記のように拘禁反応の悪化によってもたらされていると考えられるのであり、その以前の、曲がりなりにも疎通がとれていた状態での精神状態をみることで、現在の被告人の精神内界を類推することができる。こうした諸点から、被告人のこれまでの法廷内外での行動をみるとき、以下のような点が指摘できる。まず、被告人は、弁護人が行おうとした証人の反対尋問に反対し、これを妨害しようとした。また、法廷で自らの行動を制御できず、裁判長からの繰り返しの注意にもかかわらず不規則発言を繰り返した。弁護人との関係も、疎通がとれていたときであっても、第一審後期以降は良好な関係がとれていたとは言えない。そして弁護人に対して被害念慮とも捉え得る感情を持ったことがある。自らの証言のときも、英語で述べるなど、適切な証言を行っているとは言えない。むしろ死刑を望んでいるかのような言動を行ったこともある。逆に無罪判決が出ている、保釈の決定が出ていると語られたこともある。裁判長を別の人物と誤認し、自らも被告人ではないと述べたこともある。これらの諸点は全て、被告人の訴訟能力に重大な疑義を差し挟む要素となる。

訴訟能力についての議論が活発な米国を中心に、訴訟能力を点数等で計数化し、その判定に役立てようとする問診法等がいくつか開発されている。私の知る限り本邦においてこれを翻訳し鑑定や研究において利用し公表したものはなく、多数の事例に当てはめてその妥当性を検討する標準化が行われたこともないが、そのうち、Competency to Stand Trial Assessment Instrument(CAI)、Competence Assessment for Standing Trial for Defendants with Mental Retardation(CAST-MR)、MacArthur Competence Assessment Tool-Criminal Adjudication(MacCAT-CA)、Instruments for Assessing Understanding and Appreciation of MIRANDA Rights の四つについて、仮に訳して鑑定に応用したことがある。後三者は質問紙法であるため、現在一切の質問に答えない被告人に適用することはできないが、CAIについては不充分ながらもこれまでの言動から類推し適用することができる。

CAIとは、McGarryらの開発による、比較的初期の評価法である（McGarry AL, et al: Competency to stand trial and mental illness: Assessment instrument. In: Law, Psychiatry, and the Mental Health System, edited by Brooks AD. Little Brown, Boston, 1974)。本邦でも、簡単な紹介はなされている（西山詮：精神障害者の訴訟をする権利と能力―刑事訴訟の場合。精神医学、35-8、875―882、一九九三。および、中谷陽二：訴訟能力をめぐる諸問題。同著：前掲司法精神医学と犯罪病理所収）。一三項目につき、その内容を評価して五点満点で点を付ける。三点以下の項目が多ければより精密な検査を要するとする、スクリーニングテストである。一三項目および点数化の基準は以下のとおりである（訳は私による意訳であり、また適宜本文にない解説を加えてある）。

〈項目〉

第一　どのような法的防御が利用可能であるかを評価する能力。被告人が可能な法的防御を知っていること、実際の状況にどの程度本当に一致しているかの評価を必要とする。

第二　法廷において自己の行動を制御する能力。

第三　弁護人との関係の良質性。信用でき、適切にコミュニケーションできる能力。

第四　非難を減少させる法的戦術の計画。弁護士に、防御のための戦術を計画するときに、どれだけ理解し、関与し、協力できるか。仮に受動的であっても、適切な法的戦略を計画し（あるいは同意し）弁護士と協力できるか。非合理的な指示や非合理的な防御理論に基づく防御の主張をしないか。

第五　弁護人、検察官、裁判官、被疑者・被告人、証人の役割の見積もり。検察官と検察側証人は敵として、弁護人は友人として、裁判官は中立なものとして、同定できなければならない。

第六　法廷における手続きの理解。

第七　起訴内容の見積もり。字義どおりの理解でよい。

第八　受ける可能性のある刑罰・処分の範囲と性質の見積もり。具体的で単純な理解でよい。

第九　ありそうな結果の見積もり。無罪になりそうか、有罪になりそうかなど。

第一〇　犯行時の行動、時間関係、精神状態など、犯行を取り巻く適切かつ有効な事実を弁護人に開披する能力。

第一一　検察側の証人に現実的に対処する能力。もし誤った証言があれば、その不正確さを弁護士に知らせる行動の程度が重要。

第一二　適切な証言をする能力。ある種の質問にある内容で答えられるかというより、言語的にコミュニケートできる能力で、感情や思考障害が関係する。

第一三　自己防御よりも自己破壊的動機。病的な刑罰追求や利用できる法的防御を意図的に利用しないということがないか。

〈点数化の基準〉

一点　無言、滅裂、ないし重大な遅滞など、ほとんどないし完全な機能能力の欠損が存在する。

二点　深刻な（severe）機能上の障害が存在し、その機能についての適切性に本質的な疑問が存在する。

三点　中等度の（moderate）機能上の障害が存在し、その機能についての適切性に疑問が存在する。

四点　軽度の（mild）機能上の障害が存在し、その機能についての適切性に小さい（little）疑問が存在する。

五点　障害が存在せず、その被告人がその機能について適切に機能できる。

六点　入手できるデータでは合理的な臨床的確実性を持って点数化することができない。

なお、各項目の判定の方法については詳細な例示がなされているが、ここでは省略する。私が上記の情報から判断したところ、現在は全く無言なので全ての項目で一点となるが、言語的なコミュニケーションができていたころで判断してみても、少なくとも第一、第二、第三、第四、第五、第六、第九、第一一、第一二、第一三の一〇項目で、二点ないし三点という低い点数が予想された。この結果を単純に適用することは適切ではない。しかし、少なくとも被告人の精神状態が現在ほど進行する前の、まがりなりにも疎通がとれた状況について考察した場合であっても、このように訴訟能力に重大な疑義が生じるのである。これを考えると、現在の被告人については、訴訟無能力を認めるべきであると断ぜざるを得ない。

なお、ついでながら、平成一六年一二月二日付の東京高等検察庁検察官慶徳榮喜検事の意見書（以下慶徳意見書とする）についても触れておく。


慶徳意見書は四点を挙げ、被告人の訴訟能力につき「疑問をさしはさむ余地は存しない」としているので、それぞれの点について意見を述べる。まず第一点は一審弁護人が被告人の訴訟能力についての疑問を提示しなかったことである。一審弁護人が被告人の訴訟無能力を主張しなかった理由について、私は充分理解できなかったが、あえて一つ挙げるとすれば、一審弁護人は弁護人と疎通がとれなかったことについて「信頼関係が築けなかった」として、弁護人の反省すべき点として把握しているふしがある。安田弁護士もそういう趣旨の発言をしていたし、例えば第二五三回公判での三木弁護士の発言にも同様の内容のものがみられる。拘禁反応という病的現象を、信頼関係という正常心理で把握してしまえば、当然に訴訟無能力という発想は生じなくなる。これは上記に訴訟無能力と考えるべき第二の根拠を述べる中で指摘した、拘禁反応と詐病の同一視と同様の誤りである。一審弁護人の精神医学的知識および理解の欠如は、控訴審においてそれを修正して主張することを妨げるものではあるまい。

慶徳意見書が挙げる二点目は、一審の死刑判決を受けたあとに東京拘置所で「なぜなんだ。ちくしょう」と叫んだことであるが、この発言が死刑判決に対する反応であると断定する根拠がないことは措き、被告人が死刑判決を理解しそれに対する不快感情の表明であるとしても、このことは被告人の訴訟能力を肯定することに直結するものではない。昏迷状態というのは意志発動や反応が欠如した状態であるが、外界に対する理解が完全に欠けているとは限らない。昏迷、特に拘禁反応も含まれる解離性昏迷の場合には、強い刺激で反応を強いることも可能な場合があり、死刑判決という、大きな衝撃をもたらしてもおかしくない刺激に対して、部分的に理解し、このような断片的な反応があったとしても、それは他の多くの訴訟において必要な理解および反応の存在を保障するものではない。例えば上述したＣＡＩの項目に照らせば、この反応が被告人自身の死刑判決に対する理解およびそれに対する真の不快感情の表明であるとしても、それは第八項目のみに関与するに過ぎず、他の項目における高い点数を保障するものではない。

慶徳意見書の三点目は、弁護士との接見には意思疎通を拒否しているが、娘らとの面会ではうなずいたり、笑顔をみせるなどの態度を示し、運動の際に「大リーグボール三号だ」と投球動作を繰り返すなどしていることから、意思疎通能力に欠けるところはない、というものである。しかし、平成一六年一一月二九日付東京拘置所長の回答書に添付された「接見状況について」との表によれば、面会については、その相手が弁護人であっても娘らであっても、面会を告げても無言で、職員が車椅子まで移動させたところ、抵抗することなく歩行して車椅子に乗車した、とするものであり、少なくとも同検事が重視するほどの大きな差異は認められない。うなずきや笑顔は、私が観察したように、それに反応としての意味を付与することには慎重でなければならない。同表によっても、平成一六年八月一七日の〇〇（次女）との面会においては、「全く発言せず」とされている。また、仮にうなずきや笑顔が反応であるとしても、言語等での疎通は全くとれておらず、到底充分な反応とは言えないのであり、少なくとも「意思疎通能力に欠けるところはない」と言うのは不適切である。「大リーグボール三号だ」との発言が、その前後に職員等との間に意味のある言語的やりとりがあったのであれば別であるが、少なくともこれ単独で意思疎通能力について云々できるものでないことは明らかである。蛇足ながら付言すれば、上記はＣＡＩの項目のいずれとも関与しない。

慶徳意見書の指摘する最後の点は、身体的諸検査によって異常はなく、日常生活における担当看守との意思疎通は十分はかられている、というものである。私の述べるように、被告人の現在の状態が拘禁反応によってもたらされているとすれば、拘禁反応は現在知られている限り身体的諸検査で特別な異常を示さないから、このことは訴訟能力の判定とは関係しない。同検事が担当看守との意思疎通と述べているのは、平成一六年一二月九日付東京拘置所長の回答書での「職員の指導に従って、着替え等に応じる」を指すと考えられ、これがどういう状況なのか詳細が明らかでないが、少なくとも入浴は介助を要し、排泄は失禁をし、面会も職員が声をかけるのみでは反応せず、抵抗しないので面会室に連行できるのみ、という状態は、職員の指導に全て従っているとは言えない。一部指導に従うことがあるとしても、それは到底意思疎通が充分であることを示すものではない。蛇足を繰り返すが、上記はＣＡＩの各項目とも関与しない。

以上のとおり、慶徳意見書の指摘する諸点につき、私としては、被告人の訴訟無能力を否定する根拠とはならないと考える。

V—3　今後の治療等に関する参考意見

結論を先に述べれば、私は、被告人に対し、早急に精神医学的治療が加えられるべきであると考える。

第一に、治療による軽快の可能性が挙げられる。被告人の拘禁反応は軽度とは言えないが、治療によって軽快し、少なくとも今より疎通がとれるようになる可能性がある。数が多いとは言えないが、拘禁反応に対する治療とそれによる軽快の報告はあり（例えば福島章・拘禁反応。同著・犯罪心理学研究Ⅱ、金剛出版所収）、私自身も拘禁反応およびそれに近縁の病態の治療経験は少なからずある。被告人においても、軽快や治癒を無理と諦める根拠はない。おそらく現在の拘置所での治療は困難であろうから、医療刑務所ないしは公的な精神科病院・病床へ移し、抗精神病薬の強制的投与も含めた薬物療法および精神療法を軸とした治療を行えば、軽快する可能性は充分にあると考える。

長期にわたり充分な治療を行っても軽快しない場合もあり得るし、医療刑務所ないし精神科病院での治療で軽快してもその後拘置所に戻されると悪化し、訴訟の継続に困難を来している事例が存在することも事実である。しかし、被告人がこのようになると確実に予測されるわけではない。また、こうしたことが強く予想される事例で、期限を定めて治療を行い、それなりの成果を収めた事例も、私は見知っている。病院から公判に出廷させるとの提案もある（中田：前掲、拘禁反応と訴訟能力）。治療が困難である可能性があるとは言え、それをもって治療を行わないことは許容されることではない。訴訟を遂行するためには、必ずしも拘禁反応が完治しなくともよく、ある程度の疎通がとれればよいのであるから、その可能性は追求すべきであろう。

第二に、これは若干本意見書の趣旨からはずれるとも思えるが、今後の訴訟の進行によって予想される事態についての憂慮もある。もちろん控訴審がどうなるのか、上告審がどのようになるのか、私はそれぞれの結果によって上告が行われるのか、その結果によって上告が行われるのか、云々する立場にないが、仮に第一審の死刑判決が確定すれば、今度は心神喪失の状態に在る者の死刑執行を禁じている刑事訴訟法四七九条一項との関係が問題になる。被告人の昏迷状態が続く限り、死刑の性質を理解しているかどうかの判定は困難であり、その執行の適否には大きな疑問が生じる。死刑判決を受けたまま、執行ができない死刑囚として、長く中途半端な地位に被告人を留め置くことになる可能性が非常に高い。死刑判決が確定してからでは、治療を加えることはより一層の問題を生じる。特に強制的な治療については多くの論者がこれを許容されないとしている。こういう言い方は私の任を考えれば不適切かもしれないが、このまま死刑判決が確定する可能性を否定できない現状では、治療を加えるとしたら今が最後の機会である可能性が高いのである。

なお、上記二点は、被告人に治療を加えることの必要性と可能性を述べたものであり、必ずしも訴訟無能力との判定に直結するものではない。私は、本件被告人につき、拘置所とは別の場所で治療を加えるとした場合に、訴訟無能力との判定が必須であるのか否か知らない。前述したとおり、訴訟能力というのは法的概念であり、法律の素人である私がどれだけ意見を述べるのが適切であるのか不明確であるとも言え、また司法精神医学者の中でも、鑑定人は訴訟能力について意見を述べるべきではなく、その治療可能性と必要性についてのみ意見を述べるべきであると主張する者もある。訴訟無能力か否かは措くとしても、少なくとも、被告人に治療を加え、現在の状態から少しでも改善をもたらそうとする努力を怠ることは許されないと感じられる。

V—4　正式鑑定の必要性について

本意見書は刑事訴訟法に基づき裁判所ないし検察官に委嘱された正式の鑑定ではない。そのためいくつかの限界を有する。その意味では、被告人に対し、正式な鑑定が行われるべきであるとも言える。しかし、一方で、仮に正式鑑定が行われたとしても、実質的には、上記に加えることはそれほど多くないと感じられる。例えば私が正式鑑定を委嘱されたとしよう。今回の意見書作成においては、一回のみ、三〇分間の、プレート越しの問診が許されたのみであるが、正式鑑定であれば回数、時間もより豊富に、またプレート越しでない問診が可能となる。しかし、これまでの経過から考え、これによって被告人が何らかの言語的応答をするようになるとは考えにくい。また身体諸検査も可能となるが、主な検査は既に東京拘置所で行われており、同所の「異常ない」との言を信じるとすれば、さらに施行しても新たな所見は得られない。神経学的診察、脳波検査等は行いたいが、これらのみによって新たな所見が得られ全く別の疾患を想定しなければならなくなるとは考えにくい。髄液検査は、本人の明白な同意がなければ危険を伴うので、仮に正式鑑定であっても行わない可能性が高い。心理検査も可能となるが、被告人の応答がない以上、何らかの所見が得られることはない。家族等からの事情聴取は、正式鑑定でも今回のような意見書でも、大きな差異はないであろう。一番有益な情報は、被告人本人に徹底した薬物療法および精神療法を加え、それによる反応をみることであるが、一般的な刑事鑑定ではそうした手法は用いられないものである上、これには相当の期間を要すると考えられるので、簡単に行えるものではない。一般的に、正式な鑑定であっても、特に本人の拒絶などが強い場合には、種々の限界から無縁ではない。本意見書も限界を有するとは言え、正式鑑定を行ったとしても、それとの差異は小さいと考える。

なお、私自身は、弁護人の選定でこの件に従事した者であり、本意見書の中立性に疑問を持つ者があっても不思議はない。この点を重視すれば、裁判所が自ら選定した鑑定人に正式に鑑定させることには大きな意味があると考える。しかし、私としては、裁判所や検察官から委嘱された鑑定を行った経験も少なからずあり、本意見書の作成に際しても、資料等の便宜については弁護人の協力を得たが、内容については弁護人の意見に左右されることはなく、中立性を常に意識しながらこれに当たったつもりである。私は被告人や周囲の人々、およびオウム真理教と何らの直接の利害関係を有する者ではないことも付記しておく。

(以下余白)

Ⅵ　主文

1　被告人は現在、拘禁反応に罹患していると考えられる。その根拠は、現在の症状、これまでの経過等が拘禁反応の特徴に合致し、その他の疾患の存在を裏づける所見がないことによる。

2　被告人は現在、拘禁反応によって昏迷状態を呈しており、疎通がとれない状態にあること、および拘禁反応の精神病理学的特質から、訴訟能力を欠いていると考えられる。

3　被告人には早急に適切な場所で精神医学的治療が加えられるべきである。

以上のとおり意見を述べる。

平成一七年七月二七日

病院

精神科　医師　・・・

弁護士　松下明夫殿

弁護士　松井　武殿

なお、本意見書作成に要した日数は、平成一七年六月一四日から同年七月二七日までの四四日間である。

獄中で見た麻原彰晃

2006年2月5日　第1刷発行

編　者　麻原控訴審弁護人

発行人　深　田　　卓
装幀者　田　中　　実
発　行　㈱インパクト出版会
東京都文京区本郷2-5-11 服部ビル
Tel03-3818-7576 Fax03-3818-8676
E-mail：impact@jca.apc.org　http://www.jca.apc.org/~impact/
郵便振替　00110-9-83148

モリモト印刷

死刑文学を読む

池田浩士・川村湊著 四六判上製275頁 2400円+税 05年2月発行
ISBN 4-7554-0148-8 装幀・田中実

文学は死刑を描けるか。永山則夫から始まり、ユーゴー、カフカ、加賀乙彦、山田風太郎などの古今東西の死刑文学や「少年死刑囚」「絞死刑」などの映画を縦横に論じる中から、死刑制度の本質に肉薄する。網走から始まり、二年六回に及ぶ白熱の討論。世界初の死刑文学論。

免田栄 獄中ノート 私の見送った死刑囚たち

免田栄著 四六判上製243頁 1900円+税 04年8月発行
ISBN 4-7554-0143-7 装幀・田中実

獄中34年6ヶ月、無実の死刑囚・免田栄は処刑台に引かれていく100人近い死刑囚たちを見送った。冤罪を訴えながら処刑された人も少なくなかったという。雪冤に向けて獄中で書きつづったノートを引きながら、死刑の実態をそして日本の司法制度を鋭く告発する決定版自伝。

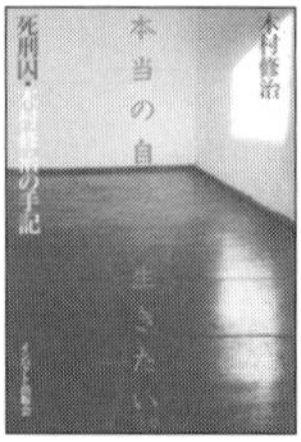

本当の自分を生きたい

木村修治著 A5判並製320頁 2800円+税 03年12月発行
ISBN 4-7554-0133-x 装幀・貝原浩

誘拐・殺人という自らの犯した罪の大きさに打ちひしがれ、死んで償うことのみを考えていた著者は、獄中で「水平社宣言」と日本死刑囚会議・麦の会に出会う。そして自分の半生を振り返り、罪を見つめ続け、本当の自分を生きよう、生きて償いたいと思う。本書刊行後1年を経ず、95年12月に彼は処刑された。

死刑囚からあなたへ

日本死刑囚会議・麦の会編 A5判並製 2427円+税 87年10月発行
ISBN 4-7554-0008-2 装幀・ローテ・リニエ

国家による殺人・死刑を拒否し、生きて償いたいと主張する死刑囚たちの生の声。90年代以降の死刑廃止運動に大きな影響を与えた古典的著作。本書執筆の死刑囚たちは処刑、病死、あるいは確定死刑囚として今現在囚われ続けている。『死刑囚からあなたへ』2巻も発売中。

オウム事件10年

年報・死刑廃止2005　A５判並製320頁　2500円＋税　05年10月発行
ISBN 4-7554-0157-7　装幀・田中実

オウム事件以降加速化された管理社会化と重罰化。死刑判決は乱発され06年1月現在確定囚は78人に達した。この国の向かう果てを、オウム事件以降10年の死刑状況から考える。特集２・名張事件再審開始決定。死刑囚再審として5件目、島田事件の開始決定から19年目の名張再審の意義を考える。再審開始決定書全文を一挙掲載。

無実の死刑囚たち

年報・死刑廃止2005　A５判並製310頁　2500円＋税　05年9月発行
ISBN 4-7554-0144-5　装幀・貝原浩

2004年8月、東京高裁は袴田事件再審請求の即時抗告を棄却、。無実を主張しながら38年間獄中にある彼を、裁判所はまたもや見捨てたのだ。誤判によって死を強要されている死刑囚は少なくはない。無実でも有実でも死刑はあってはならないが、無実の人間が長期にわたって拘禁され、処刑や獄死に追いやられることは、さらに無惨だ。

年報死刑廃止

死刑廃止法案　年報·死刑廃止2003　2200円＋税
上程直前だった死刑廃止議員連盟の廃止法案と50年前の死刑廃止法案

世界のなかの日本の死刑　年報·死刑廃止2002　2000円＋税
死刑廃止は世界の流れだ。第１回世界死刑廃止大会のレポートなど。

終身刑を考える　年報·死刑廃止2000～2001　2000円＋税
終身刑は死刑廃止への近道なのか。

死刑と情報公開　年報·死刑廃止99　2000円＋税
死刑についてのあらゆる情報は何故隠されるのか。

犯罪被害者と死刑制度　年報·死刑廃止98　2000円＋税
犯罪被害者遺族にとって死刑制度は本当に癒しになっているのか。

死刑―存置と廃止の出会い　年報·死刑廃止97　2000円＋税
存置論者と廃止論者が集まり、初めて死刑存廃を討論する

「オウムに死刑を」にどう応えるか　年報·死刑廃止96　2000円＋税
年報創刊号。死刑の理由である凶悪とは何か。90-95年の重要論文収載。

かけがえのない、大したことのない私

田中美津著　四六判並製358頁　1800円+税　05年10月発行
ISBN 4-7554-0158-5　装幀・田中実

名著『いのちの女たち』を超える田中美津の肉声ここに！　70年代ウーマンリブを生きた田中美津は今現在リブを生き続ける。最近のエッセイ、講演、対談、シンポジウムと、伝説の「ミューズカル〈おんなの解放〉」台本を収載。朝日・ダカーポなどで絶賛発売中！

辺野古　海のたたかい

浦島悦子編　四六判並製 242頁　1900円+税　05年12月
ISBN 4-7554-0160-7　装幀・藤原邦久

豊かな海を破壊し、人殺しのための巨大基地を建設しようとする政府・防衛施設庁と素手でたたかい、カヌーによる阻止行動や陸上・海上の座り込みで、ついにボーリング工事を止めた現場からのレポート。前著『豊かな島に基地はいらない』と合わせて読んで欲しい。

戦後史とジェンダー

加納実紀代著　四六判上製460頁　3500円+税　05年8月発行
ISBN 4-7554-0133-x　装幀・田中実

敗戦から新たな戦前へ。8.15から「慰安婦」・教科書・女性兵士問題まで戦後60年をジェンダーの視点で読み解く。加納著『女たちの〈銃後〉』『まだ「フェミニズム」がなかったころ』『天皇制とジェンダー』、編著『リブという〈革命〉』『女がヒロシマを語る』（共編）も好評発売中。

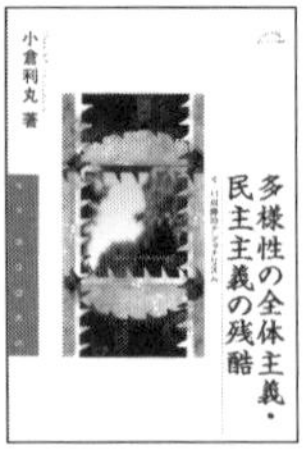

多様性の全体主義・民主主義の危機

小倉利丸著　四六判 並製182頁　1700円+税　06年1月発行
ISBN 4-7554-0154-2 装幀・田邊恵里香

ＰＰブックス６　グローバルな戦争態勢を読み解く。9.11以降、世界はどのように変貌したか。アフガン・イラクへの大義なき戦争を経て「テロ一掃」に加速する世界の軍事化、グローバル・ナショナリズムが形づくる市民社会のありようを分析する。